ELVIS ÉTAIT BLOND

ORÉ

W0384284

1er

JANVIER

8h44 17h04

Jour de l'an

Elvis Presley a porté les cheveux
blond naturel tout au long de ses années
de collège, avant de les teindre,
« parce que sa mère avait
les cheveux bruns », se souvient
un de ses camarades de classe.

2
JANVIER

8h44 17h05

St Basile

Plus de deux tiers des Américains
sont en surpoids important
ou tout simplement obèses.
C'est 32,7% de plus qu'en 1980.

LA FRANCE EST LA DESTINATION TOURISTIQUE LA PLUS POPULAIRE AU MONDE

3

JANVIER

☀ 8h44 ☀ 17h06

Ste Geneviève

Notre pays est le premier choix
des touristes du monde entier,
et Paris, la ville la plus visitée
par les étrangers.

LES MARIÉES PORTAIENT UN BOUQUET DE FLEURS POUR MASQUER LEUR ODEUR CORPORELLE

4

JANVIER

☀ 8h44 ☀ 17h07

St Odilon

Si l'on en croit le *Huffington Post*,
on ne prenait au XVe siècle
qu'un seul bain par an,
habituellement en mai, et beaucoup
de couples se mariaient en juin.
Pour ajouter au plaisir des sens,
les mariées portaient un bouquet
de fleurs afin de ne pas incommoder
leur époux avec leur odeur
de transpiration.

5
JANVIER

8h44 17h09

St Édouard

Cette phrase n'a jamais
été prononcée
par l'immortel détective,
car on ne la trouve nulle part
dans les soixante volumes
que lui consacre Conan Doyle.

GEORGE W. BUSH ÉTAIT POM-POM BOY

6

JANVIER

8h44 17h10

Ste Mélaine • Épiphanie

George W. Bush fut élève
dans le même collège
que son père, George Bush Senior.
Mais quand celui-ci affirmait
sa virilité au sein de l'équipe
de base-ball, son fils, et futur
président lui aussi, évoluait avec
les pom-pom girls sur la touche.

L'ÉLÉPHANT MARCHE SUR LA POINTE DES PIEDS

7

JANVIER

☀ 8h43 ☀ 17h11

St Raymond

L'éléphant est aussi
le seul mammifère à posséder
quatre genoux.

LES CHATS ONT PLUS DE 100 CORDES VOCALES

En dehors de la relation entre une chatte et ses petits, le miaulement est très peu utilisé lorsque des chats communiquent entre eux. Par contre, au contact de l'humain, il continue souvent à utiliser différentes vocalises pour communiquer.

LES DROITIERS
VIVENT PLUS LONGTEMPS
QUE LES GAUCHERS

9

JANVIER

8h43 17h13

Ste Alix

En moyenne, les gauchers
vivent dix ans de moins
que les droitiers, c'est du moins
ce qu'affirme le psychologue
Stanley Coren.
Parmi ces infortunés, mais
célèbres gauchers :
George Bush, Paul McCartney,
Albert Einstein et Marilyn Monroe.

ALBERT EINSTEIN NE SE SOUVENAIT JAMAIS DE SON NUMÉRO DE TÉLÉPHONE

10

JANVIER

8h42 17h15

St Guillaume

Comme un des amis d'Einstein lui demandait un jour son numéro de téléphone, celui-ci a sorti son répertoire afin de ne pas se tromper. Einstein affirmait pourtant posséder une mémoire visuelle infaillible.

LE PREMIER HOMME À S'ÉLEVER DANS LES AIRS ÉTAIT UN FRANÇAIS

11

JANVIER

8h42 17h16

St Paulin

Il s'agit de Jean-François Pilâtre de Rozier, qui s'éleva de 26 mètres au-dessus de Paris le 21 novembre 1783. Ce premier vol dura une vingtaine de minutes.

LA REINE ELIZABETH II
POSSÈDE UN CANARD
DE BAIN EN PLASTIQUE
ORNÉ D'UNE COURONNE

On pense que ce jouet lui a été offert
par un de ses petits-enfants.
La reine est également fan d'un poisson
en caoutchouc qui chante,
dans un cadre qui trône sur son piano
dans sa résidence d'été
à Balmoral, en Écosse.

36 CM, C'EST LA PLUS LONGUE BARBE QU'UNE FEMME AIT JAMAIS PORTÉE

C'est Janice Deveree,
une Américaine, qui arbora
la plus longue barbe jamais
vue sur un visage féminin.

LA VITESSE LA PLUS ÉLEVÉE JAMAIS ATTEINTE PAR UN HOMME EST DE 39 897 KM/H

14

JANVIER

8 h 40 17 h 20

Ste Nina

Cette vitesse-record
fut atteinte en 1969
par l'équipage d'Apollo10.

LES ÉLÉPHANTS SONT CAPABLES DE NAGER 30 KM PAR JOUR

15
JANVIER
8h39 17h21
St Rémi

Sur terre, un éléphant
peut courir jusqu'à 30 km/h !
Dans l'eau, il est distancé
par le dauphin (44 km/h),
l'orque (65 km/h), et surtout
par l'espadon (109 km/h).

LES MOUSTIQUES SONT ATTIRÉS PAR LES GENS QUI VIENNENT DE MANGER DES BANANES

16
JANVIER

8h39 17h23

St Marcel

Les moustiques sont attirés par les gens qui viennent de manger des bananes ou ceux qui viennent de faire de l'exercice, parce que les aliments riches en potassium et la sueur libèrent de l'acide lactique, ce qui est très attrayant pour eux.

LA GUERRE LA PLUS
COURTE DE L'HISTOIRE
A DURÉ 38 MINUTES

17
JANVIER

☀ 8h38 ☀ 17h24

Ste Roseline

Elle s'est déroulée en 1896,
lorsque Zanzibar s'est rendu
à la Grande-Bretagne
38 minutes après la déclaration
de guerre, suite à la mort
du sultan Hamad Bin Thuwaini,
favorable aux Britanniques.

UNE TABLETTE
DE CHOCOLAT
COMPTE EN
MOYENNE 8
PATTES D'INSECTE

18

JANVIER

8 h 37 · 17 h 26

Ste Prisca

Pour la fabrication du chocolat,
les fèves sont coupées sur les arbres
et stockées sur place pendant
plusieurs jours, pendant lesquels
elles sont visitées par des insectes.
Les fèves sont ensuite filtrées,
mais les sous-produits ne sont pas
tous éliminés par ce processus…

19
JANVIER

8 h 36 17 h 27

St Marius

La superficie de la Floride
est de 151 670 km^2.
La superficie de l'Angleterre
est de 130 395 km^2, mais
le Royaume-Uni (Angleterre
+ Écosse + Pays de Galles
+ Irlande du Nord)
fait 242 821 km^2.

LA LUNE BLEUE N'EST PAS BLEUE

20

JANVIER

☀ 8h35 ☀ 17h29

St Sébastien

On appelle Lune Bleue
la pleine lune supplémentaire
qui apparaît lorsqu'une année comporte
13 lunes au lieu de 12,
ce qui se produit tous les 2 ans
et 7 mois. On l'appelle aussi
Lune des Sorcières.

21
JANVIER

8 h 34 17 h 30

Ste Agnès

Si l'on en croit les 12 personnes
qui ont marché sur la Lune,
la poussière lunaire sent la poudre
et a la consistance de la neige.

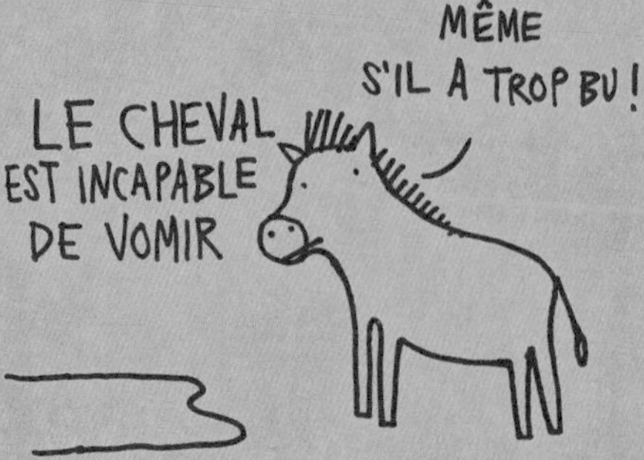

22
JANVIER

8 h 33 17 h 32

St Vincent

Leur morphologie ne leur permet
pas de vomir,
c’est une des raisons pour
lesquelles, chez les chevaux,
les coliques sont toujours
dangereuses et parfois
mortelles…

DES SCIENTIFIQUES AFFIRMENT AVOIR CRÉÉ DES COCHONS PHOSPHORESCENTS

23
JANVIER

☀ 8h32 ☀ 17h33

St Barnard

Si on les croit, des experts scientifiques
ont réussi à créer des cochons
qui brillent dans la nuit.
Ils affirment que ces cochons possèdent
un corps totalement phosphorescent,
tandis que jusqu'ici, certains savants
n'avaient réussi qu'à créer des porcs
dont seulement certaines parties étaient
d'un beau vert fluo dans le noir.

EN 1314,
LE ROI D'ANGLETERRE
ÉDOUARD II INTERDIT
LE FOOTBALL DANS
SON ROYAUME

24
JANVIER

☀ 8h31 ☀ 17h35

St François de Sales

Le football est resté interdit
en Angleterre de 1314 à 1667
par une trentaine d'édits royaux.
Une des raisons de son interdiction
initiale était que ce sport
détournait l'attention des hommes
du tir à l'arc, une nécessité
en temps de guerre à l'époque.

25
JANVIER

☀ 8h30 ☀ 17h36

Conversion de St Paul

Il est physiquement impossible
pour un éléphant de sauter,
en raison de son poids,
mais aussi à cause du manque
de flexibilité de la structure
osseuse de ses pattes.

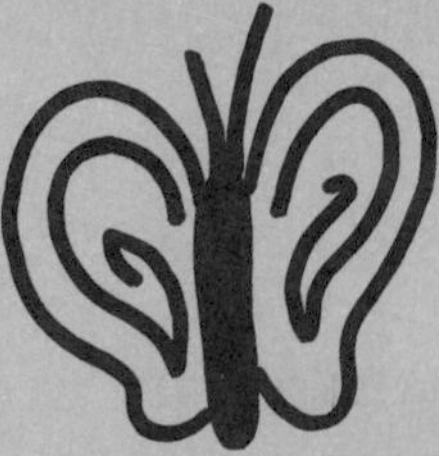

LES PAPILLONS ONT L'OUÏE FINE

26
JANVIER

☀ 8 h 29 ☀ 17 h 38

Ste Paule, Ste Pauline

Les papillons ne possèdent pas
d'oreilles à proprement parler,
mais ils perçoivent les sons
au travers de leurs ailes,
qui sont sensibles
aux vibrations sonores.

LES VERS DE TERRE POSSÈDENT JUSQU'À NEUF CŒURS

27
JANVIER

8 h 28 — 17 h 40

Ste Angèle

Un lombric normal possède 9 cœurs
et un système circulatoire fermé.
Les vers de terre sont capables
de régénérer des segments perdus
de leur corps, mais cette capacité
varie selon les espèces et l'étendue
des dégâts.

28
JANVIER

☀ 8h27 ☀ 17h41

St Thomas d'Aquin

En 1947, un ordinateur
de l'Université d'Harvard
est tombé en panne à cause
d'un papillon de nuit
qui s'était aventuré dans ses relais.

LE RENNE RUDOLPH EST UNE FEMELLE

29

JANVIER

8h25 17h43

St Gildas

Si l’on en croit le ministère
de la Chasse d’Alaska,
les rennes mâles perdent
leurs bois au début de l’hiver.
Si un renne possède encore ses bois
à Noël, c’est donc une femelle.

LA STRUCTURE
LA PLUS VOLUMINEUSE
JAMAIS CRÉÉE
PAR L'HOMME
SIÈGE À NEW YORK

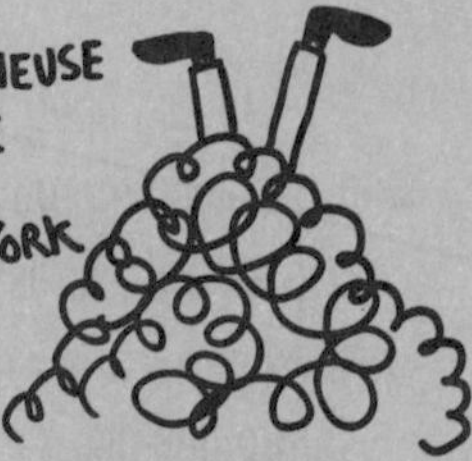

30
JANVIER

☀ 8h24 ☀ 17h44

Ste Martine

Il s'agit du dépôt d'ordures de la ville, établi en 1948 sur le site de Fresh Kills. À son point culminant, la décharge dépasse de 25 mètres la Statue de la Liberté. Le site est maintenant fermé après avoir absorbé les débris provenant de l'effondrement des tours du World Trade Center.

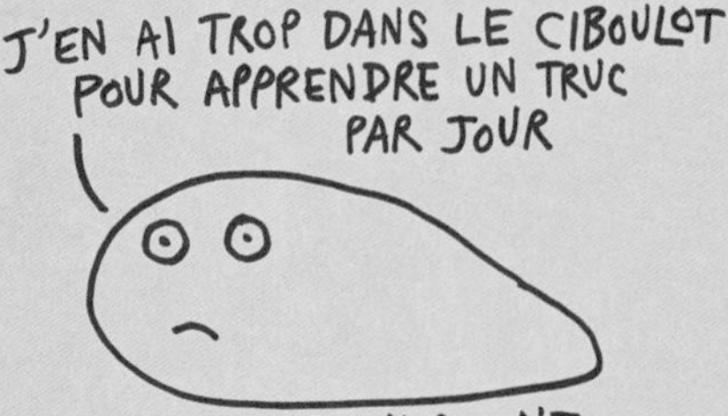

LES SANGSUES ONT 34 CERVEAUX

31
JANVIER

8h23 17h46

Ste Marcelle

Le corps de la sangsue
est segmenté en 34 anneaux,
ça lui fait un cerveau par anneau.
En revanche, elle ne possède
que 2 cœurs.

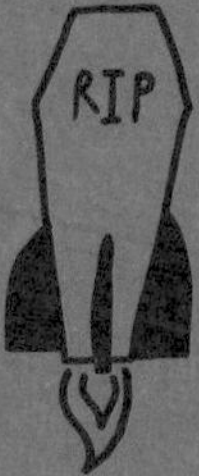

GENE RODDENBERRY, LE CRÉATEUR DE STAR TREK, EST LE PREMIER HOMME À REPOSER DANS L'ESPACE

1er

FÉVRIER

8 h 21 17 h 48

Ste Ella

Décédé en 1991,
Gene Roddenberry a eu droit
aux premières obsèques
dans l'espace : en 1997,
une capsule spatiale contenant
ses cendres a été lancée en orbite.
Son épouse, décédée en 2008,
a eu le droit de le rejoindre
pour l'éternité, car ses cendres
ont été placées en orbite en 2012.

DAVID BOWIE A DONNÉ SON NOM À UNE ESPÈCE D'ARAIGNÉE

2
FÉVRIER

☀ 8h20 ☀ 17h49

Présentation du Seigneur

L'araignée *Heteropoda davidbowie*
est une espèce géante,
jaune et poilue, découverte par
le spécialiste allemand des araignées,
Peter Jäger, qui lui a donné
le nom de la star afin d'attirer l'attention
sur les espèces en voie d'extinction
(et en référence aux *Spiders from Mars*).

JACKIE CHAN EST RESTÉ 12 MOIS DANS LE VENTRE DE SA MÈRE

3

FÉVRIER

☀ 8h19 ☀ 17h51

St Blaise

La plupart des bébés naissent
après neuf mois, mais Jackie Chan
a fait exception à la règle. Il est né
après 12 mois. Mme Chan Lee-Lee
a dû accoucher par césarienne,
on la comprend… Jackie pesait 5,4 kilos
à sa naissance et sa mère le surnommait
« Pao-Pao » (boulet de canon).

4

FÉVRIER

8h17 17h53

Ste Véronique

Bâiller est un acte involontaire
qui nous force à ouvrir largement
la bouche tout en inspirant
profondément.
Le fait qu'il s'agisse d'un réflexe
est prouvé : dans le ventre de sa mère,
un fœtus de 11 semaines
est déjà capable de bâiller.

EN MOYENNE, 12 NOUVEAUX-NÉS SONT CONFIÉS AUX MAUVAIS PARENTS TOUS LES JOURS

5
FÉVRIER

8h16 17h54

Ste Agathe

Sur les 216 000 bébés
qui naissent chaque jour
sur cette planète, ce chiffre
est tout à fait insignifiant.
Quoique…

85% DES GENS SAVENT ROULER LEUR LANGUE DANS LA BOUCHE

6
FÉVRIER
8h14 17h56
St Gaston

Les êtres humains possèdent
environ 9 000 papilles
sur la surface de la langue,
sur le palais et dans la gorge.
La durée de vie moyenne d'une papille
gustative est de 10 jours.

7

FÉVRIER

☀ 8h13 ☀ 17h58

Ste Eugénie

Et le baleineau avale 500 litres
de lait par jour ! Mais il faut dire
qu'il pèse déjà 1 tonne à sa naissance.
Le lait constitue sa seule nourriture
pendant 6 mois, au bout desquels
il aura doublé de poids.

LES ÊTRES HUMAINS ET LES BANANES ONT 50% DE LEUR ADN EN COMMUN

8

FÉVRIER

8h11 17h59

Ste Jacqueline

La différence entre l'ADN
d'un humain et celui d'une autre espèce,
même d'un fruit, n'est pas aussi grande
qu'on le pense.
Nous avons 60% de gènes communs
avec une mouche du vinaigre.

LE CŒUR DES FEMMES BAT PLUS VITE QUE CELUI DES HOMMES

9

FÉVRIER

8h10 18h01

Ste Apolline

Puisque les femmes sont,
la plupart du temps, plus petites
que les hommes, leurs artères coronaires
sont plus étroites et leur débit
cardiaque plus faible. Leur cœur bat
donc plus rapidement.

LES CHATS NE PERÇOIVENT PAS LE SUCRÉ

10

FÉVRIER

8h08 18h03

St Arnaud

Les chats ne possèdent pas
de récepteurs sensitifs du goût sucré,
à la différence de tous les autres
mammifères étudiés jusqu'ici.
Même les espèces les plus
proches des chats, les carnivores
tels que les hyènes et les mangoustes,
détectent le sucre.

LE MUSCLE LE PLUS PUISSANT DU CORPS HUMAIN NOUS SERT À MÂCHER

11

FÉVRIER

8h06 18h04

Notre-Dame de Lourdes

Notre muscle le plus puissant est le masséter, qui rapproche les maxillaires supérieur et inférieur, et sert à la mastication.

L'INVENTEUR DE L'AMPOULE ELECTRIQUE, THOMAS EDISON, AVAIT PEUR DU NOIR

12
FÉVRIER

8h05 18h06

St Félix

Edison eut l'idée brillante d'inventer l'ampoule électrique au cours d'une sortie en camping dans le Wyoming, aux États-Unis, lorsqu'une personne laissa tomber accidentellement sa canne à pêche au milieu d'un feu de camp. Comme on lui demandait un jour s'il avait peur de quelque chose, il répondit : « Seulement du noir ».

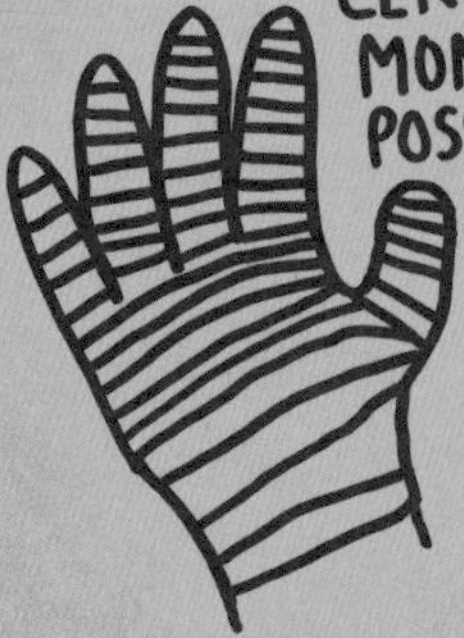

CERTAINES MOMIES POSSÈDENT ENCORE LEURS EMPREINTES DIGITALES

13

FÉVRIER

8h03 18h08

Ste Béatrice

C'est le cas des corps momifiés
dans des tourbières, qui ont
préservé la peau et les organes
internes des cadavres.

OUTRE-MANCHE,
LES CYGNES APPARTIENNENT
À LA REINE

14
FÉVRIER

8h01 18h09

St Valentin

Tous les cygnes muets de
Grande-Bretagne appartiennent
à la reine Elizabeth II.

LES ANCIENS ÉGYPTIENS CROYAIENT QUE LES HÉRISSONS GUÉRISSAIENT LA CALVITIE

15

FÉVRIER

8h00 18h11

St Claude

Le hérisson faisait l'objet
d'un culte dans certaines cultures
anciennes. Pour les Égyptiens,
il symbolisait la réincarnation
et on pensait que certaines parties
du corps d'un hérisson bouilli
guérissaient la cécité partielle,
les furoncles, la calvitie
et même la lèpre.

ISAAC NEWTON INVENTA LA PREMIÈRE CHATIÈRE

16
FÉVRIER

7h58 18h12

Ste Lucile

Sir Isaac Newton eut recours
à la première chatière de l'histoire
alors qu'il se livrait à des expériences
dans son grenier et que son chat
ne cessait d'ouvrir la porte.
Il découpa un trou dans la porte,
qu'il recouvrit de feutre pour résoudre
le problème.

L'OUVRE-BOÎTE FUT INVENTÉ 50 ANS APRÈS LA BOÎTE DE CONSERVE

17
FÉVRIER

7h56 18h14

St Alexis

Les conserves en boîte furent inventées en 1813 par le Français Nicolas Appert. Les instructions sur la boîte spécifiaient : percer tout autour avec un marteau et un burin. L'ouvre-boîte fit son apparition dès qu'un acier moins épais fut utilisé pour les couvercles.

ON TROUVE PLUS D'AGNEAUX DANS LA BIBLE QUE N'IMPORTE QUEL ANIMAL

18

FÉVRIER

7h54 18h16

Ste Bernadette

La Bible mentionne
des agneaux plus de 500 fois.
Souvent, la métaphore désigne
aussi les disciples de Dieu.

L'HOMME POSSÈDE LE MÊME NOMBRE DE VERTÈBRES CERVICALES QUE LA GIRAFE

19

FÉVRIER

7h53 18h17

St Gabin

Les 7 vertèbres cervicales
des girafes sont tout simplement
plus grandes, et possèdent
un système articulaire différent
du nôtre.

LE CANARD A PLUS DE VERTÈBRES CERVICALES QUE LA GIRAFE

20

FÉVRIER

☀ 7h51 ☀ 18h19

Ste Aimée

Le canard possède
quatorze vertèbres cervicales
alors que la girafe
n'en possède que sept.

21

FÉVRIER

☀ 7h49 ☀ 18h21

St Pierre-Damien

On compte environ 40 millions
de kangourous en Australie
(3 millions d'entre eux sont légalement
abattus chaque année).
Il y a 24 millions d'habitants,
et seulement 100 000 koalas...

WAYNE ALLWINE, LA VOIX AMÉRICAINE DE MICKEY, EST MARIÉ À RUSSI TAYLOR, LA VOIX DE MINNIE

22

FÉVRIER

7h47 18h22

Ste Isabelle

Lorsque Wayne Allwine,
la voix de Mickey Mouse,
épousa en 1991 Russi Taylor,
la voix de Minnie,
ils décidèrent de ne pas
diffuser la nouvelle,
afin d'éviter les gros titres
dans les journaux.

LE CONFISEUR SUÉDOIS ROLAND OHISSON S'EST FAIT ENTERRER DANS UN CERCUEIL EN CHOCOLAT

23

FÉVRIER

7h45 18h24

St Lazare

En octobre 1973,
un confiseur suédois a été
inhumé selon ses dernières volontés.
Roland Ohisson, de Falkenberg,
fut enterré dans un cercueil
fabriqué entièrement en chocolat.

LE KETCHUP ÉTAIT
VENDU EN PHARMACIE
DANS LES ANNÉES 1830

24
FÉVRIER

☀ 7h43 ☀ 18h25

St Modeste

Un fabricant inventif mit
à l’époque en bouteille
l’Extrait de Concentré de Tomate
du Dr Miles, censé guérir toutes
les maladies, de la calvitie
à la mycose des pieds.

25
FÉVRIER

☀ 7h41 ☀ 18h27

St Roméo

Les pattes des vaches n'ont pas
la capacité de se plier suffisamment
pour leur permettre de supporter
leur poids pendant la descente
des marches. Une vache n'a pas non
plus la possibilité de voir ses pattes,
ce qui rend l'expédition
plutôt stressante pour elle…

LES ANGLAIS AURAIENT INVENTÉ LE CHAMPAGNE

26
FÉVRIER

7h39 18h29

St Nestor

À contre-courant des thèses
généralement admises,
ce serait Sir George Etheredge,
un Anglais, qui aurait mentionné
en 1676 un vin pétillant,
environ 20 ans avant que
des documents français
y fassent allusion.

27
FÉVRIER

7h37 18h30

Ste Honorine

La bouche des hippopotames
peut s'ouvrir à 180°,
et mesurer jusqu'à
1,20 m d'amplitude.

LE PLUS GRAND COUSSIN PÉTEUR DU MONDE MESURE TROIS MÈTRES

28
FÉVRIER

7h36 18h32

St Romain

Le plus grand coussin péteur
fut fabriqué à Londres
par Steve Mesure pour se livrer
à une expérience sur le vent.

LA TOUR EIFFEL
A 1665 MARCHES

1er

MARS

☀ 7h34 ☀ 18h33

St Aubin

Moins fatigant, vous pouvez vous contenter
de gravir les 339 marches de Big Ben !
Vous pouvez aussi emprunter l'unique
moyen d'accéder au sommet de l'Atomium
de Bruxelles : l'ascenseur !

2
MARS

☀ 7h32 ☀ 18h35

St Charles le Bon

Cette scène de nu a d'ailleurs
été censurée en Chine
dans la version 3D du film, de peur
que les Chinois tendent la main
pour « toucher » l'écran
sous l'effet de la 3D…

UN CHAT PEUT SURVIVRE À UNE CHUTE DU 7E ÉTAGE D'UN IMMEUBLE

3

MARS

☀ 7 h 30 ☀ 18 h 37

St Guénolé

D'après des études, un chat
qui chute du 7e étage possède
30% de chances de survie de moins
que s'il tombait du 20e étage.
La raison en est qu'il a alors le temps
de se détendre et de corriger
sa position.

EN CLASSE DE QUATRIÈME, ELVIS PRESLEY NE SAVAIT PAS CHANTER

4
MARS

7h28 18h38

St Casimir

Elvis obtint une très mauvaise note
en musique lorsqu'il était en 4e.
Comme son professeur lui signifiait
qu'il n'était pas doué pour le chant,
il apporta sa guitare le lendemain
et lui prouva le contraire.

UNE RUCHE ABRITE EN MOYENNE DE 40 000 À 45 000 ABEILLES

5

MARS

7 h 26 18 h 40

Ste Olive

Pour fabriquer 500 g de miel,
une colonie d'abeilles doit parcourir
plus de 80 000 km et butiner
2 millions de fleurs.

C'EST LE LUNDI
QUE SE DÉCLENCHENT
LE PLUS SOUVENT
LES CRISES
CARDIAQUES

6
MARS

7h24 18h41

Ste Colette

Selon une étude japonaise,
la pression artérielle est au plus haut
le lundi, ce qui expliquerait que les crises
cardiaques soient en augmentation
de 20% ce jour-là.

MONA LISA N'A PAS DE SOURCILS

7

MARS

7h22 18h43

Ste Félicité

La Joconde ne possède aucun poil sur le visage, ni sourcils ni cils. Selon les experts, il était courant à l'époque que les dames de la bonne société s'épilent entièrement le visage, les poils étant jugés disgracieux.

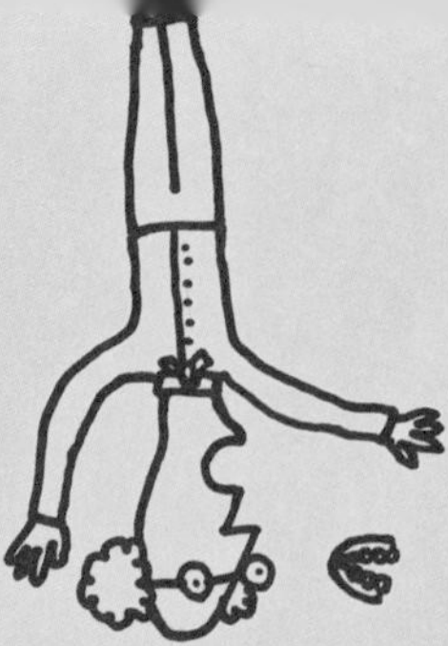

L'HOMME LE PLUS ÂGÉ À SAUTER À L'ÉLASTIQUE AVAIT 94 ANS

8

MARS

7h19 18h44

St Jean de Dieu

Homme de 94 ans
en nouvelle zélande.

LE SENS DE L'ODORAT DES FEMMES EST PLUS DÉVELOPPÉ QUE CELUI DES HOMMES

9

MARS

☀ 7h17 ☀ 18h46

Ste Françoise

Selon les spécialistes, les odeurs déclenchent des réactions dans une région du cerveau plus étendue chez les femmes que chez les hommes. Ce phénomène est amplifié durant l'ovulation, en raison de l'afflux d'œstrogène, responsable d'un accroissement de la sensibilité olfactive.

C'EST SALVADOR DALI
QUI A CRÉÉ LE LOGO
DES CHUPA CHUPS

10
MARS

7h15 18h48

St Vivien

En 1969, les dirigeants
de Chupa Chups
rendirent visite au peintre
surréaliste Salvador Dalí
qui dessina en moins d'une heure
le célèbre logo à la marguerite
qui existe encore aujourd'hui
sur les sucettes rondes
de la marque.

TU NE VOLERAS POINT

LA BIBLE EST LE LIVRE LE PLUS VOLÉ AU MONDE

11

MARS

7h13 18h49

Ste Rosine

C’est le *New York Times*
qui a révélé ce fait à l’issue
d’une étude faite en 2009.
« Beaucoup de gens pensent
que la parole du Christ
devrait être gratuite »,
précise l’article.

LES HAMSTERS SONT INTERDITS À HAWAII

12
MARS

7h11 18h51

Ste Justine

Le climat de Hawaii étant particulièrement favorable aux hamsters, les responsables agricoles et environnementaux ont exprimé la crainte que ces gentils animaux puissent établir des colonies sauvages et endommager les cultures et les plantes de l'île.

13

MARS

7h09 18h52

St Rodrigue

John Lennon et Paul McCartney
ne savaient pas lire la musique.
Ils ont été aidés par leur producteur
George Martin qui, lui, savait lire
et écrire une partition.

LA PLUS VIEILLE AMPOULE DU MONDE BRÛLE TOUJOURS DEPUIS 1901

14
MARS

7h07 18h54

Ste Mathilde

Cette ampoule à incandescence
a été fabriquée par Adolphe Chailet,
au temps de Thomas Edison. Baptisée
« l'Ampoule Centenaire »,
elle éclaire une salle d'une caserne
de pompiers de Californie.

LE ROI DE CŒUR
EST LE SEUL À NE
PAS PORTER DE MOUSTACHE

15
MARS
7h05 18h55
Ste Louise

Carreau, trèfle et pique
correspondent symboliquement
et respectivement à la corruption
de la richesse, à la guerre
et à la mort.

NEW YORK S'EST D'ABORD APPELÉE NEW AMSTERDAM

16

MARS

☀ 7h03 ☀ 18h57

Ste Bénédicte

C’est en 1664
que le roi d’Angleterre,
Charles II, s’empara de la ville
et la rebaptisa New York.

LE CŒUR D'UNE
BALEINE BLEUE
PEUT PESER
AUSSI LOURD
QU'UNE VOITURE

17
MARS

7h01 18h58

St Patrick

Oui, mais ça pèse combien
une voiture ? Eh bien plus
de 600 kilos… Soit l'équivalent
d'environ 2 000 cœurs humains.
Quel mammifère dit mieux ?

18

MARS

6h59 19h00

St Cyrille

Il est physiquement impossible
pour les cochons de regarder
en l'air parce que leur cou trop court
est dénué de la flexibilité nécessaire.

LE VRAI NOM DE PELÉ EST EDSON ARANTES DO NASCIMENTO

19

MARS

6h57 19h01

St Joseph

On peut même aller plus loin en révélant son nom en entier : Marcelo Santos de Oliveira Edson Arantes do Nascimento João Ramos do Silva.

Mais rassurez-vous, selon une couverture du *Sunday Times* de 1970, Pelé s'épellerait simplement « D-I-E-U ».

LES GORILLES DORMENT DANS DES NIDS

20
MARS

6h55 19h03

Printemps • St Herbert

Comme les oiseaux,
les gorilles utilisent des branches
entrelacées recouvertes de feuillage
pour se reposer.

21
MARS

6h52 19h04

Ste Clémence

Certaines zones du cerveau
sont spécialisées dans la gestion
des souvenirs, telles que l'hippocampe,
l'amygdale et le cortex cérébral,
et servent à gérer la mémoire
et les informations sensorielles.

22
MARS

6h50 19h06

Ste Léa

L'Américain le plus riche,
Bill Gates, dont la richesse est évaluée
à une cinquantaine de milliards de dollars,
possède un revenu supérieur au Produit
National Brut de 140 pays, dont
le Costa Rica, le Salvador, la Bolivie
ou l'Uruguay.

IL EXISTE
43 252 003 274 489 856 000
COMBINAISONS POSSIBLES
AVEC UN RUBIKS CUBE

23

MARS

6h48 19h07

St Victorien

Pour donner une idée de ce nombre,
si chacune des permutations
sur ce cube de 57 mm de côté
était alignée bout à bout avec la suivante,
la distance totale atteindrait
261 années-lumière.

24

MARS

☀ 6h46 ☀ 19h09

Ste Catherine de Suède

Le grand lézard *Basiliscus basiliscus*
a des pieds palmés
qui lui permettent de se dresser
sur ses pattes de derrière et de courir
sur l'eau pour fuir ses prédateurs.

EN MOYENNE, UN HUMAIN PASSE DEUX SEMAINES DE SA VIE À EMBRASSER

25

MARS

6h44 19h10

St Humbert

Mais ce n'est pas tout !
On dort environ 25 ans,
on passe 115 jours à rire,
2 170 heures à bronzer,
653 heures à attendre le train,
et 7 ans à attendre le sommeil
(à méditer...).

IL Y A DEUX FOIS
PLUS D'HABITANTS
SUR TERRE
AUJOURD'HUI QU'EN
1960

26
MARS

6h42 19h12

Ste Larissa

On comptait 3 milliards d'habitants
sur cette planète en 1960, il a fallu
40 ans pour doubler ce nombre.
Nous devrions compter 9 milliards
de Terriens d'ici 2040.

UN ADULTE
EST PLUS GRAND
AU RÉVEIL
QUE PENDANT
SON
SOMMEIL

27
MARS

6h40 19h13

St Habib

Les adultes sont
plus grands d'approximativement
1 cm au réveil car les disques
intervertébraux gonflent légèrement
pendant le sommeil.

28
MARS

☀ 6h38 ☀ 19h15

St Gontran

En 2008, le sherpa Apa atteint le toit du monde pour la 18e fois. C'est d'autre part le record du nombre d'ascensions du plus haut sommet du monde.

LE PLUS VIEUX REPTILE ÉTAIT UNE TORTUE, MORTE À 255 ANS

29
MARS

7h36 20h16

Ste Gladys

Cette gigantesque tortue
est morte en Inde en 2006.
Elle a connu à la fois Mozart
et la télévision HD.

UN REQUIN PEUT PRODUIRE JUSQU'À 30 000 DENTS DURANT SA VIE

30

MARS

7 h 33 20 h 18

St Amédée

Les requins possèdent des dents
qui se renouvellent et se remplacent
par déplacement vers l'extérieur.
Les dents sont remplacées
tous les 8 à 10 jours, une à la fois.
Le squalelet féroce, toutefois,
perd et remplace ses dents
simultanément.

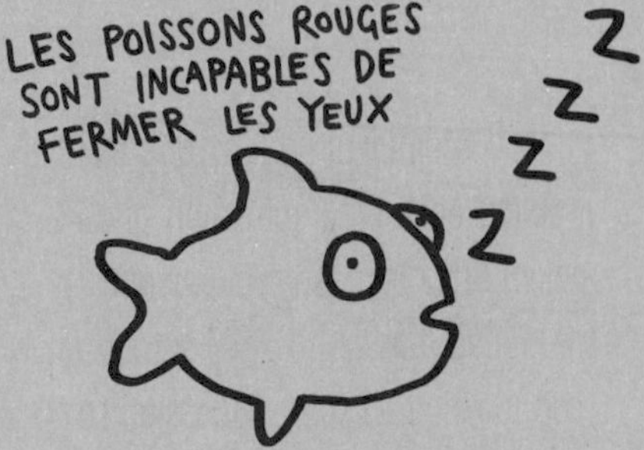

31

MARS

7h31 20h19

St Benjamin

Les poissons rouges ne peuvent pas fermer les yeux car ils sont dépourvus de paupières. C'est pour cette raison qu'ils détestent le passage rapide de l'obscurité à la lumière vive.

WILLIAM SHAKESPEARE
ÉTAIT DYSLEXIQUE

1er
AVRIL

7h29 20h21

St Hugues

On a avancé que Léonard de Vinci, Einstein et le grand dramaturge anglais William Shakespeare étaient dyslexiques. Shakespeare n'écrivait jamais son nom deux fois avec la même orthographe.

UNE JOURNÉE NE DURE PAS EXACTEMENT 24 HEURES

2

AVRIL

7h27 20h22

Ste Sandrine

Les journées ne sont pas
exactement égales à 24 heures,
c'est pourquoi il faut ajouter une journée
aux années bissextiles pour compenser
le temps perdu.

LE ROI LOUIS XVI A AIDÉ À METTRE AU POINT LA GUILLOTINE

3
AVRIL
7h25 20h24
St Richard

Serrurier amateur, Louis XVI
a aidé à concevoir la guillotine,
notamment l'emplacement
de la lame.
Il fut lui-même guillotiné
le 21 janvier 1793.

LE DERNIER DODO S'ÉTEIGNIT EN 1681

4

AVRIL

☀ 7 h 23 ☀ 20 h 25

St Isidore

La raison de l'extinction
de l'espèce était certainement
son imprudence et son incapacité à voler.
Il s'approchait de ses prédateurs
sans crainte.

5
AVRIL

☀ 7h21 ☀ 20h27

Ste Irène

La masse de tous les fruits et légumes
est constituée d'hydrates de carbone,
qui sont des sucres.
C'est ainsi qu'un citron, à quantité égale,
contient plus de sucre qu'une fraise.

6

AVRIL

7h19 20h28

St Célestin

Elle a poussé en 2007
dans le (grand) potager
de Joe Atherton, en Angleterre.

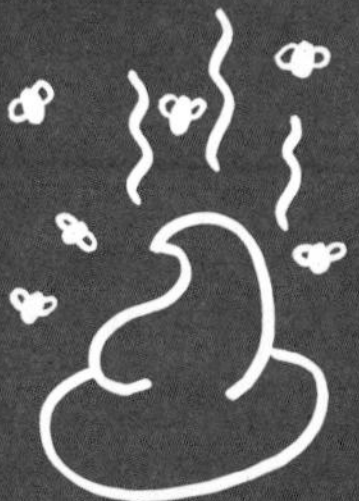

LES MOUCHES BATTENT DES AILES 180 FOIS PAR SECONDE

7

AVRIL

7 h 17 — 20 h 30

St Jean-Baptiste de La Salle

Les ailes d'une mouche
battent 180 fois par seconde,
trois fois plus vite que celles
d'un oiseau-mouche.
Les mouches sont également
les seuls insectes à ne posséder
que deux ailes, les autres
en comptant quatre.

LE JOUEUR DE TENNIS VIKTOR TROICKI EST ALLERGIQUE À L'HERBE

8

AVRIL

7h15 20h31

Ste Julie

« Je suis allergique aux courts
sur gazon, pas seulement Wimbledon,
mais tous les autres tournois aussi.
Quelque chose dans l'air
perturbe mon jeu », avoue-t-il.
Troicki a grandi à Belgrade,
en Serbie.

9
AVRIL
7h13 20h33
St Gauthier

Elle mesure 92 mètres de haut,
possède une main de 5 mètres de long
et est dotée d'un nez
de 1,37 mètre de long,
de quoi faire rêver Cléopâtre…

LES TOILETTES DES DAMES CONTIENNENT DEUX FOIS PLUS DE COLIBACILLES QUE LES TOILETTES DES HOMMES

10

AVRIL

7h11 20h34

St Fulbert

Le professeur Gerba a publié un article en 1975 décrivant le phénomène peu connu des aérosols viraux et bactériens relâchés par les chasses d'eau des toilettes. Ce résultat curieux est probablement imputable au fait que les femmes déposent souvent des serviettes périodiques dans les toilettes, qu'elles y conduisent de jeunes enfants ainsi que des bébés avec des couches à changer.

LE VRAI PRÉNOM DE HULK HOGAN EST TERRY

11

AVRIL

7h09 20h36

St Stanislas

De son vrai nom
Terry Gene Bollea,
le célèbre catcheur américain
a changé plusieurs fois
de nom avant de prendre
celui de Hulk, se faisant parfois
appeler Sterling Golden
ou Super Destroyer.

IL N'Y A PAS DE SOLEIL AU PÔLE SUD PENDANT 182 JOURS PAR AN

12

AVRIL

7h07 20h37

St Jules

Au Pôle Nord comme
au Pôle Sud le soleil ne
se lève pas au-dessus
de l'horizon pendant
six mois de l'année.

13
AVRIL
7h05 20h39
Ste Ida

Se serrer la main,
c'est la certitude d'attraper
plein de cochonneries, bactéries,
microbes... Alors on peut faire comme
les Russes et s'embrasser, ou alors opter
pour la méthode japonaise :
une petite inclinaison du corps.

LE POISSON ROUGE
LE PLUS VIEUX
DU MONDE AVAIT
ATTEINT L'ÂGE DE 43 ANS

14
AVRIL

7 h 03 20 h 40

St Maxime

Tish le poisson rouge fut homologué
par le *Livre Guinness des records*
lorsqu'il fut retrouvé mort
au fond de son bocal à la suite
d'une maladie.

15

AVRIL

7h01 20h42

St Paterne

D'après les estimations
de la NASA, il y aurait sur Terre
400 246 300 201 arbres.
Ce qui en fait environ 61 par individu
vivant sur cette planète.

16

AVRIL

6 h 59 20 h 43

St Benoît-Joseph

Sachant que la colle d'un timbre
contient 5,9 calories,
ce Britannique a ingurgité
en 4 minutes 2 655 calories…
Soit environ l'équivalent
de 5 Big Mac…
Bon appétit !

17

AVRIL

6h57 20h45

Pâques • St Anicet

Le 4 juillet 1884, la France
fit officiellement don aux États-Unis
de cette statue conçue par Bartholdi
et réalisée autour d'une charpente
construite par Gustave Eiffel.

L'HOMME LE PLUS GROS DU MONDE PESAIT PLUS DE 635 KG

18

AVRIL

6h55 20h46

Lundi de Pâques • St Parfait

Jon Brower Minnoch entra à l'Hôpital Universitaire de Seattle, aux États-Unis, en mars 1978, victime d'une insuffisance cardiaque. Pas moins de 12 pompiers avaient été mobilisés pour le faire sortir de sa maison et le transporter par ferry jusqu'à l'hôpital.

C'EST TOUJOURS UNE FEMELLE QUI CONDUIT UN TROUPEAU D'ÉLÉPHANTS

19

AVRIL

6 h 53 20 h 48

Ste Emma

La femelle la plus âgée
et la plus expérimentée d'un troupeau
d'éléphants s'appelle la Mère
et prend toutes les décisions
pour le groupe. Les adultes mâles
n'ont aucun pouvoir au sein
de la famille.

LES CANARIS VIRENT À L'ORANGE S'ILS MANGENT DES POIVRONS ROUGES

20

AVRIL

☀ 6 h 51 ☀ 20 h 49

Ste Odette

Dans les années 1870,
des éleveurs britanniques,
mécontents de l'éternelle couleur jaune
des canaris, provoquèrent un scandale
en produisant des canaris orange
à force de leur donner
des poivrons rouges à manger.

LA LUEUR DE
6 LUCIOLES
EST SUFFISANTE
POUR LIRE
LA NUIT

21
AVRIL

6h49 20h51

St Anselme

Dans la Chine ancienne,
on capturait parfois des lucioles
dans des récipients transparents
pour les utiliser comme
lanternes d'appoint.

DANS L'ESPACE, LES ASTRONAUTES NE PEUVENT PAS PLEURER

22

AVRIL

☀ 6h47 ☀ 20h52

St Alexandre

À cause de l'absence de gravité,
les larmes ne peuvent pas couler…
mais elles peuvent flotter
dans l'espace !

DENNIS WILSON,
DES BEACH BOYS,
EST MORT NOYÉ

23
AVRIL

6 h 45 20 h 54

St Georges

Il est triste et ironique
de noter que l'ancien chanteur
du groupe des Beach Boys
s'est noyé en 1983 après avoir plongé
dans l'océan pour récupérer des objets
tombés de son bateau.

LA PIÈCE DE THÉÂTRE QUI DÉTIENT LE RECORD DU MONDE DE LONGÉVITÉ S'APPELLE "LA SOURICIÈRE"

24

AVRIL

☀ 6h43 ☀ 20h55

St Fidèle

La Souricière, une pièce policière
signée Agatha Christie, a été jouée
pour la première fois en 1952
dans le West End de Londres et a connu
plus de 25 000 représentations
sans interruption depuis cette date.

LA SŒUR D'ANNE FRANK A AUSSI TENU UN JOURNAL

25

AVRIL

6 h 42 · 20 h 57

St Marc

Les sœurs Frank n'étaient pas seules dans ce cas : le journal de Rutka Laskier, dans lequel une jeune fille raconte l'occupation allemande, a également été retrouvé en Pologne.

26
AVRIL

6 h 40 20 h 58

Ste Alida

Hitler souffrait de flatulences
irrépressibles, accompagnées
de graves crampes qu'il soignait
à l'aide de pilules contenant
de la strychnine et de la belladone,
cause de son teint grisâtre
et du tremblement de ses mains.

CINQ CHIENS ET UN COCHON FURENT SAUVÉS LORS DU NAUFRAGE DU TITANIC

27
AVRIL
6 h 38 21 h 00
Ste Zita

Pour être tout à fait exact,
le cochon était en fait un jouet,
le porte-bonheur d'une passagère
qui a bien fait de l'emmener
avec elle...

LA LANGUE ESPAGNOLE
EST PLUS RÉPANDUE
QUE L'ANGLAIS

28
AVRIL

6h36 21h01

Ste Valérie

Une étude récente a montré
que le mandarin serait la langue
la plus usitée aujourd'hui,
suivie de l'espagnol,
puis de l'anglais.

LE SOLEIL EST À
149 MILLIONS DE
KILOMÈTRES DE LA TERRE

29
AVRIL

6h34 21h02

Ste Catherine de Sienne

Sachant que la température
à la surface du Soleil s'élève
à 15 760 755 °C, cette visite
est fortement déconseillée…
Mieux vaut vous contenter
de bronzer sur la plage.
Mais gare aux coups de soleil !

VOUS REPRENDREZ BIEN UN DOIGT DE SOURTOE COCKTAIL ?

30

AVRIL

6h33 21h04

St Robert

Un Sourtoe cocktail dans la ville de Dawson City, au Canada, vous coûtera 5$. Dans cette boisson macère un orteil humain, et si vous voulez obtenir le certificat prouvant que vous l'avez bien bue, il faudra simplement que vos lèvres touchent le doigt de pied.

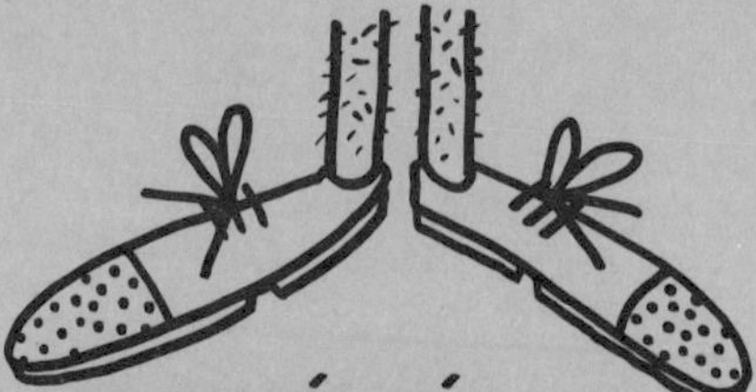

LES EXTRÉMITÉS D'UN LACET RECOUVERTES DE PLASTIQUE S'APPELLENT DES AGLETS

1er

MAI

6h31 21h05

Fête du Travail • St Jérémy

Le mot aglet
est dérivé du mot
aiguillette, qui signifie
petite aiguille.

SEULEMENT 1% DES HUMAINS SONT ROUX

2

MAI

6h29 21h07

St Boris

En tant que minorité, les roux
ont créé des associations.
Il existe même une journée mondiale
des roux aux Pays-Bas.

LES ROBOTS NE SONT QUE DES ESCLAVES

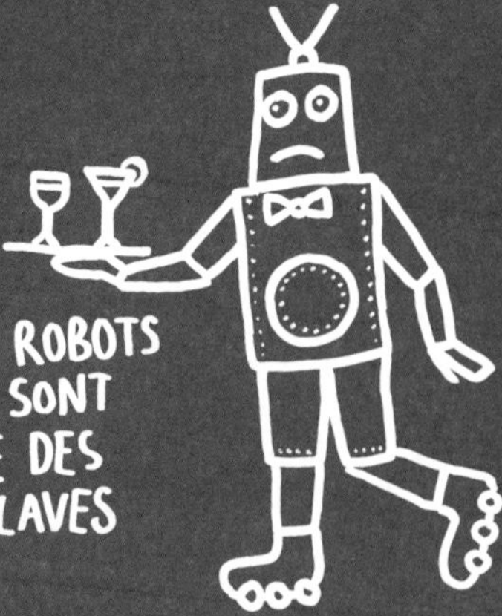

3

MAI

6 h 28 · 21 h 08

St Philippe, St Jacques

Le mot « robot » est dérivé
du tchèque « robota »,
qui signifie « esclave »
ou « travailleur forcé ».

4

MAI

6h26 21h10

St Sylvain

Pour mémoire, le prix Nobel
de la paix récompense
« la personnalité ayant le plus
ou le mieux contribué
au rapprochement des peuples,
à la suppression ou à la réduction
des armées permanentes,
à la réunion et à la propagation
des progrès pour la paix ».

LE SANG DES INSECTES EST JAUNE

5

MAI

6h24 21h11

Ste Judith

Le sang des insectes
est dépourvu de globules rouges,
ce qui lui donne cette teinte claire
colorée de jaune.

LA BANANE EST RADIOACTIVE

6

MAI

6h23 21h13

Ste Prudence

Les bananes, tout comme
de nombreux produits alimentaires,
présentent une radioactivité
naturelle du fait du potassium 40
qu'elles contiennent
(0,017 % du total).

LA POUDRE À CANON ÉTAIT À L'ORIGINE

UN MÉDICAMENT

7
MAI

☀ 6h21 ☀ 21h14

Ste Gisèle

Il est aujourd'hui avéré
que la poudre à canon
fut découverte par un alchimiste
chinois au IXe siècle, à la suite
d'une mauvaise manipulation
sur un médicament.

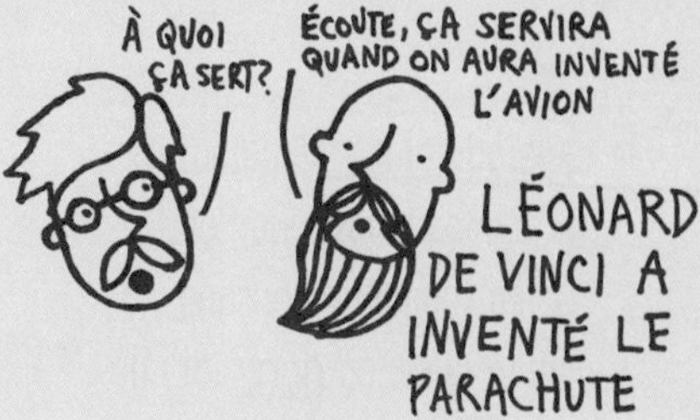

8

MAI

6h20 21h15

Victoire 1945 • St Désiré

L'ébauche du parachute
laissée par De Vinci a permis
en l'an 2000 de tester l'engin
dans les conditions de
la Renaissance, avec
des matériaux contemporains.

LA PLUS VIEILLE LIBRAIRIE SE TROUVE AU PORTUGAL

9
MAI

6h18 21h17

St Pacôme

La Livraria Bertrand
a été fondée en 1732 à Lisbonne
et n'a jamais fermé ses portes.
Elle est toujours au même endroit
même si aujourd'hui elle a développé
un réseau de 50 librairies à travers
le Portugal.

JACK NICHOLSON A APPRIS QUE SA SŒUR ÉTAIT EN RÉALITÉ SA MÈRE À L'ÂGE DE 37 ANS

10
MAI
6h16 21h18
Ste Solange

Mais ce cas n'est pas isolé…
Le poète Louis Aragon a appris
à l'âge de 20 ans que sa sœur aînée
était en réalité sa mère.

UNE ABEILLE PEUT VOLER À 24 KM/H

11

MAI

☀ 6h15 ☀ 21h20

Ste Estelle

Une abeille peut voler jusqu'à 24 km/h (200 battements d'ailes à la seconde). Une ruche peut abriter de 30 000 à 60 000 ouvrières et de 1 000 à 2 000 mâles mais une seule reine. Pour fabriquer 1 kg de cire, les abeilles consomment 10 kg de miel.

EN MOYENNE, LES FEMMES VIVENT PLUS LONGTEMPS QUE LES HOMMES

12

MAI

6h14 21h21

St Achille

Dans tous les pays développés
et la plupart des pays en voie
de développement, les femmes vivent
plus longtemps que les hommes,
parfois jusqu'à 10 ans.
En France, l'espérance de vie moyenne
est d'environ 83 ans pour les femmes
et 75 ans pour les hommes.

MARLON BRANDO A REFUSÉ L'OSCAR DU MEILLEUR ACTEUR POUR SON RÔLE DANS LE PARRAIN

13
MAI

☀ 6h12 ☀ 21h22

Ste Rolande

Katharine Hepburn
a reçu l'Oscar de la meilleure actrice
à quatre reprises, sans jamais aller
en chercher un seul !

14

MAI

☀ 6h11 ☀ 21h24

St Matthias

Cet arbre, qui ne mesure
que 4 mètres, se trouve en Suède
et fut découvert en 2004.
Il se serait mis à pousser
il y a 10 000 ans.

JUSQU'EN 1967, LE LSD ÉTAIT LÉGAL EN CALIFORNIE

15
MAI

☀ 6h09 ☀ 21h25

Ste Denise

On l'appelle LSD car le nom entier est quasi impossible à retenir et à prononcer, surtout sous l'effet de ce psychotrope hallucinogène puissant. LSD vient de l'allemand « LysergSäureDiethylamid ».

DANS LA PLUPART DES MAISONS, LES TOILETTES CONTIENNENT MOINS DE GERMES QUE LA CUISINE

16

MAI

6 h 08 21 h 26

St Honoré

Selon des tests effectués
par le Bureau d'Hygiène, un tiers
des robinets de cuisine révélaient
des taux importants de bactéries,
un chiffre qui ne dépasse pas 15 %
sur les poignées de portes de toilettes.
14 % des robinets recelaient
des taux inquiétants de colibacilles,
une bactérie potentiellement mortelle,
contre 6 % seulement des poignées
de portes de toilettes.

4,26 MÈTRES, C'EST LA LONGUEUR DES PLUS LONGUES MOUSTACHES DE L'HISTOIRE

17

MAI

6 h 07 21 h 28

St Pascal

L'heureux et fier propriétaire
en est Ram Singh Chauhan,
un Indien, qui commença
à se les laisser pousser en 1982.

IL Y A DEUX FOIS PLUS DE RISQUES D'ÊTRE MORDU PAR UN CHIEN PENDANT LA PLEINE LUNE

18

MAI

6 h 06 21 h 29

St Éric

Selon les chercheurs de Bradford,
au Royaume-Uni, les animaux sont
plus susceptibles de mordre
les personnes pendant une période
de pleine lune.

LE CHAT DE
JOHN LENNON
S'APPELAIT ELVIS

19
MAI

6h04 21h30

St Yves

La mère de John Lennon, Julia,
possédait un chat baptisé Elvis.
Julia Baird, la demi-sœur de John,
a écrit dans un livre : « Maman aimait
tellement Elvis Presley
que lorsqu'elle a hérité d'un chat,
elle l'a appelé Elvis. »

20

MAI

☀ 6h03 ☀ 21h32

St Bernardin

Les yeux d’une autruche
atteignent la taille de deux
boules de billard.
Ils prennent une telle place
dans le crâne que le cerveau
est plus petit qu’un seul œil.

LES HUÎTRES CHANGENT DE SEXE

21

MAI

☀ 6h02 ☀ 21h33

St Constantin

Les huîtres peuvent changer de sexe.
En principe elles commencent leur vie avec le sexe mâle, puis deviennent femelles en prenant de l'âge. Au-dessus de 7,5 cm, ce sont en général des huîtres femelles.

L'ESPÉRANCE DE VIE D'UN LION EST MOINS ÉLEVÉE QUE CELLE D'UNE ANTILOPE

22
MAI

6h01 21h34

St Émile

Les lions ne sont pas parmi
les meilleurs parents
pour cocooner leurs petits :
Seuls 10% arriveront
à dépasser les 2 ans.

75% DES GENS PORTENT DES CHAUSSURES QUI NE SONT PAS À LA BONNE POINTURE

23

MAI

6h00 21h35

St Didier

Selon David Armstrong,
professeur de chirurgie podiatrique,
les 3/4 des gens ne portent
pas la bonne pointure de chaussure.
Toujours selon lui, nous avons tendance
à acheter des chaussures
à la pointure que nous avions
quand nous étions jeunes.

APRÈS L'ACCOUPLEMENT, LA FEMELLE VEUVE NOIRE DÉVORE LE MÂLE

24

MAI

5h59 21h37

St Donatien

La femelle de l'araignée veuve noire dévore le mâle après s'être accouplée avec lui, mais seulement si ça lui chante.

LE PLUS GRAND ÊTRE VIVANT SUR CETTE TERRE EST UN CHAMPIGNON

25
MAI

5 h 58 21 h 38

Ste Sophie

Cette « chose » couvre
880 hectares et vit depuis
au moins 2 400 ans.
Ni animal ni végétal,
il s'agit d'un mycélium.

LE PARESSEUX MET UNE MINUTE POUR PARCOURIR 3 MÈTRES

26

MAI

5h57 21h39

Ascension • St Bérenger

Un paresseux progresse donc
à la vitesse fulgurante de 0,18 km/h…
Ce qui veut dire que le guépard,
l'animal le plus rapide du monde
(115 km/h), peut se déplacer
600 fois plus vite que le paresseux.

CHEZ L'ÉLÉPHANTE, LA GROSSESSE DURE 2 ANS

27
MAI

5 h 56 21 h 40

St Augustin

L'éléphant est le mammifère
qui a la gestation la plus longue.
Mais savez-vous quel est
le mammifère qui a la gestation
la plus courte ? Le hamster,
qui fabrique un bébé
en seulement 16 jours.

JUSTIN BIEBER PEUT RÉSOUDRE UN RUBIK'S CUBE EN 2 MINUTES

28

MAI

5h55 21h41

St Germain

Mais Justin Bieber
est bien loin du record mondial
actuellement détenu par un Sud-Coréen :
le petit casse-tête coloré
a ainsi été résolu en 4,591 secondes !

LES DOIGTS DE LA MAIN NE POSSÈDENT PAS DE MUSCLES

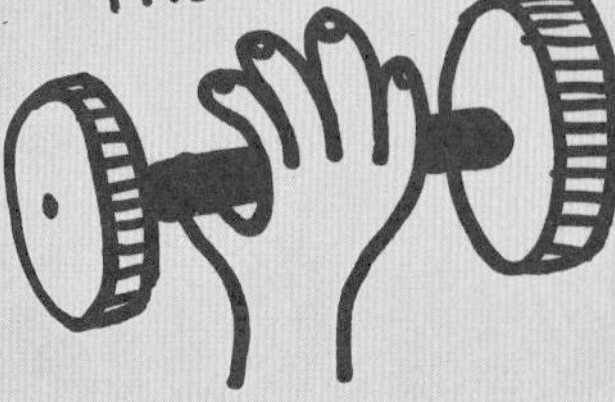

29

MAI

5h54 21h42

Fête des mères • St Aymard

Ce sont les muscles du bras
qui contrôlent les mouvements
de la main.

EN ANTARCTIQUE,
UNE PEAU DE BANANE
PEUT METTRE JUSQU'À
70 ANS À SE
DÉCOMPOSER

30

MAI

☀ 5h53 ☀ 21h43

St Ferdinand

Dans un environnement
« normal », une peau de banane
met 8 à 10 mois pour
se décomposer complètement.
C'est plus qu'un trognon de pomme
(4 à 6 mois), mais moins
qu'une bouteille en plastique
(plus de 500 ans)
ou en verre (3 000 ans).

31

MAI

5 h 53 21 h 44

Visitation

666 est supposé être le nombre
de la Bête (donc du Diable) d'après
l'Apocalypse de saint Jean, au chapitre
13, verset 18. Et sachez que l'on appelle
hexakosioihexekontahexaphobie
la peur du nombre 666.

LES SOAP-OPERAS ÉTAIENT À L'ORIGINE PARRAINÉS PAR DES MARQUES DE LESSIVE

1er
JUIN

5h52 21h45

St Justin

C’est Procter & Gamble
qui parraina le premier
un feuilleton radiophonique
en 1933, et le genre emprunta
à la presse son surnom
de *soap-opera*, que les Québecois
nomment opéra-savon.

LE PLUS GROS CHAT DU MONDE PESAIT PRÈS DE 25 KILOS

2
JUIN

☀ 5h51 ☀ 21h46

Ste Blandine

Il s'agit d'un gros mâle tigré castré,
baptisé Himmy, qui appartenait
à un Australien, Thomas Vyse.
Peu avant de mourir, Himmy pesait
plus de 24 kilos.

EN MOYENNE, UN HAMSTER PARCOURT EN COURANT 5,5 KM CHAQUE NUIT

3

JUIN

5h51 21h47

St Kevin

Les hamsters sont
des animaux nocturnes,
si bien que 90% de leur temps d'éveil
se passe pendant la nuit lorsque
la cage est dans le noir.

4
JUIN

5 h 50 21 h 48

Ste Clotilde

Un poulet peut être hypnotisé,
ou plongé dans un état de transe,
si on lui maintient la tête sur le sol
et qu'on trace avec le doigt ou un bâton
un trait partant de son bec
et s'éloignant en ligne droite
devant lui.

L'ARAIGNÉE LA PLUS VENIMEUSE DU MONDE SE CACHE DANS LES RÉGIMES DE BANANES

5

JUIN

5 h 49 21 h 49

Pentecôte • St Igor

On trouve l’araignée banane
en Amérique Centrale
et en Amérique du Sud.

UNE TÊTE COUPÉE RESTE CONSCIENTE ENCORE 25 SECONDES

6

JUIN

5 h 49 21 h 50

Lundi de Pentecôte
St Norbert

Le chimiste français Antoine Lavoisier,
condamné à être guillotiné,
demanda à ses plus proches amis
d'observer combien de temps il arriverait
à cligner les yeux. Il réussit à le faire
pendant 15 secondes, mais d'autres
personnes guillotinées le firent
jusqu'à 25 secondes.

LES FURETS SOUFFRENT DE DÉPRESSION

7

JUIN

5h48 21h51

St Gilbert

Ils sont sujets à des pics de dépression
provoqués par le stress,
dont la cause est généralement l'absence
d'une compagne ou d'un compagnon.

8
JUIN

5h48 21h51

St Médard

Reuben Mattus rêvait
de réaliser les meilleures glaces.
Il choisit d'appeler sa marque
Häagen-Dazs, un nom de consonance
scandinave, pour lui donner une image
plus traditionnelle. Pourtant aucune
boutique de la marque n'est présente
en Norvège, en Suède ou au Danemark.

21 PERSONNES ENTASSÉES DANS UNE AUSTIN MINI, C'EST LE RECORD DU MONDE

9
JUIN

5 h 48 21 h 52

Ste Diane

Pour homologuer cet exploit,
des étudiants malais ont dû fermer
portes et fenêtres du véhicule.
Le record date de 2006

LE PREMIER MOT DE PICASSO : « PIZ », L'ABRÉVIATION DU MOT ESPAGNOL SIGNIFIANT CRAYON

10

JUIN

5 h 47 21 h 53

St Landry

La passion de Pablo Picasso
pour les arts se révéla
dès sa plus tendre enfance :
son premier mot fut « piz »,
abréviation de « lapiz »,
qui signifie « crayon » en espagnol.

ON PLEURE
4,50 LITRES
PAR AN

11
JUIN

5 h 47 21 h 53

St Barnabé

Les êtres humains sont
les seuls mammifères qui versent
des larmes causées par des émotions,
admet-on généralement. Mais les larmes
servent aussi à humecter les globes
oculaires.

EN URUGUAY,
IL Y A UNE
PRISON APPELÉE
«LIBERTÉ»

12
JUIN

5h47 21h54

St Guy

Et la plus ancienne prison de ce pays a été transformée après 102 ans de vocation carcérale en musée d'art contemporain. Pour exposer leurs œuvres, les artistes uruguayens se sont vu attribuer une cellule de 8 m^2. Fallait y penser...

13

JUIN

5h47 21h55

St Antoine de Padoue

Le nombre phénoménal de rats
(1 rat par habitant à Paris,
et sur toute la planète) et leur capacité
à manger n'importe quoi
font que ces petits rongeurs
sont à l'aise dans nos sociétés
du gaspillage.

LE CORPS HUMAIN CONTIENT ASSEZ DE FER POUR FABRIQUER UN CLOU DE 7.5CM

14

JUIN

5h47 21h55

St Élisée

Il contient assez de soufre
pour tuer toutes les puces d'un chien
de taille moyenne, suffisamment
de carbone pour fabriquer 900 crayons,
de potassium pour fabriquer un petit obus,
suffisamment de graisse pour produire
7 savons, de phosphore pour recouvrir
2 200 têtes d'allumettes, et assez d'eau
pour remplir un réservoir de 45 litres.

L'OS LE PLUS PETIT
DU CORPS HUMAIN
SE TROUVE DANS
L'OREILLE

15

JUIN

☀ 5h46 ☀ 21h56

Ste Germaine

Le plus petit os du squelette humain
se situe dans les osselets.
Il s’appelle l’étrier et, avec l’enclume
et le marteau, il est situé
dans l’oreille moyenne.

VAN GOGH N'A VENDU QU'UN SEUL TABLEAU DE SON VIVANT

16

JUIN

5 h 46 21 h 56

St Jean-François Régis

De son vivant, le peintre
Vincent Van Gogh n'atteignit jamais
la célébrité et lutta pour gagner
sa vie en tant qu'artiste.
Il ne vendit qu'un seul tableau :
Vignoble Rouge.
Le tableau se vendit 400 francs
à Bruxelles quelques mois seulement
avant sa mort.

17

JUIN

5 h 46 21 h 57

St Hervé

Le mot « brocoli » est dérivé du latin *bracchium* signifiant « branche », en référence à la forme du légume qui fait penser à des arbres miniatures. Habituellement de couleur vert foncé à vert sauge, le brocoli peut aussi être blanc ou pourpre.

LE MOIS DE JUILLET TIRE SON NOM DE JULES CÉSAR

18
JUIN

5h46 21h57

St Léonce

C’est Jules César qui fixa
l’ordre des mois de l’année
dans un vrai calendrier romain,
et le Sénat proposa de nommer
le mois de juillet en son honneur.

LE POINT
D'INTERROGATION
A ÉTÉ INVENTÉ
EN 1580

19
JUIN

5h47 21h57

Fête des pères • St Romuald

C'est Henry Denham qui inventa
le point d'interrogation
à la fin d'une question rhétorique.
Le premier symbole était l'inverse
de celui utilisé de nos jours.

LES MANCHOTS PEUVENT SAUTER JUSQU'À 2 MÈTRES EN HAUTEUR

20

JUIN

5h47 21h57

St Silvère

Les manchots sautent à pieds joints
s'ils ont besoin de se déplacer plus vite
ou en terrain accidenté.
Une qualité qui compense le fait
de ne pas pouvoir voler !

CHAQUE JOUR, AU MOINS UN VOLCAN ENTRE EN ÉRUPTION

21
JUIN

5 h 47 · 21 h 58

Été • St Gonzague

Si l'on en croit le réseau mondial
de surveillance des volcans,
il se produit entre 50 et 60
éruptions chaque mois.
La plupart de ces phénomènes
ne durent que quelques heures,
mais d'autres se prolongent
pendant plusieurs mois.

LES BEATLES ONT UTILISÉ 613 FOIS
LE MOT LOVE DANS LEURS CHANSONS

22
JUIN

5h47 21h58

St Alban

Le mot « love » apparaît 613 fois dans les chansons des Beatles, mais un autre mot détient sans conteste le record d'utilisation, c'est le mot « you ». Il est utilisé 2 262 fois dans les chansons indémodables du groupe.

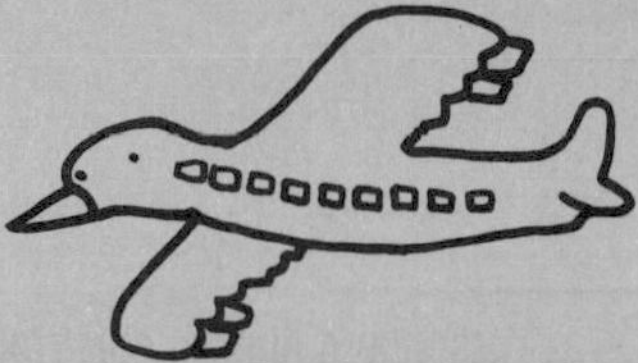

UN ALBATROS EST CAPABLE DE VOLER SANS SE POSER PENDANT 10 ANS

23
JUIN

5h47 21h58

Ste Audrey

Après avoir appris à voler,
un jeune albatros
n'atterrit plus jamais jusqu'à
ce qu'il s'accouple, ce qui peut
prendre une dizaine d'années.

95% DES GENS RECONNAISSENT LE SEXE D'UNE AUTRE PERSONNE RIEN QU'AU PARFUM DE SON HALEINE

24

JUIN

☀ 5h48 ☀ 21h58

Fête nationale québécoise
St Jean-Baptiste

Selon une étude de l'Université
de Pittsburgh, aux États-Unis,
lorsque des volontaires « respirent »
l'haleine d'un sujet caché qui leur parvient
par un tuyau, ils sont capables
de déterminer le sexe de cette personne
9 fois sur 10.

80% DES PHOTOS SUR INTERNET SONT PORNOGRAPHIQUES

PAS CELLE-CI

25

JUIN

5h48 21h58

St Prosper

Le magazine *Time* a effectué
une enquête sur le sujet démontrant
que 80% des images sur Internet
sont pornographiques, mais ce chiffre
pourrait bien s'avérer sous-estimé.

STATISTIQUEMENT, LE LUNDI 27 EST BIEN PLUS UN JOUR DE DÉVEINE QUE LE VENDREDI 13

26
JUIN

5 h 48 21 h 58

St Anthelme

Les compagnies d'assurance
confirment qu'un nombre
plus élevé d'accidents se produit
un lundi 27 qu'un vendredi 13.
Il y a 5% d'accidents en plus
à cette date.

EN 1740, UNE VACHE FUT ACCUSÉE DE SORCELLERIE ET PENDUE

27
JUIN
5h49 21h58
St Fernand

Accusée d'être une sorcière,
une vache fut pendue
à Paris en 1740.
Il n'y a pas eu
de condamnation à mort
d'animal depuis.

LE CORPS HUMAIN
EST CONSTITUÉ DE
66% D'EAU

28

JUIN

5h49 21h58

St Irénée

L'eau aide au transport des éléments nutritifs, de l'oxygène et des déchets, vers et en provenance des cellules. Elle est indispensable pour toutes les fonctions digestives, d'absorption et de circulation. L'eau est nécessaire pour réguler la température du corps et fournir son énergie. Pas étonnant qu'elle soit synonyme de vie !

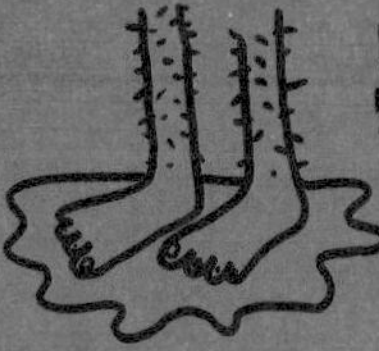

POUR ÉCONOMISER
5 260 LITRES
D'EAU PAR AN,
URINEZ PENDANT
VOTRE DOUCHE

29
JUIN

5 h 50 21 h 58

St Pierre, St Paul

Selon une publicité brésilienne,
uriner dans la douche aide
à sauver la forêt tropicale !
Si une famille renonce à tirer
la chasse ne serait-ce qu'une seule
fois par jour, elle économisera
5 260 litres d'eau par an.

LE BASE-BALL EST ORIGINAIRE DE GRANDE-BRETAGNE ET NON DES ÉTATS-UNIS

30

JUIN

5h50 21h58

St Martial

Si l'on en croit le *Joli petit livre de poche* publié en 1744, ce sont les Anglais qui ont inventé le base-ball.

ATTENDRE DEBOUT PENDANT
UNE HEURE BRÛLE
120 CALORIES

1er
JUILLET

☀ 5 h 51 ☀ 21 h 58

Fête nationale canadienne
St Thierry

C'est 50% de plus que si l'on reste assis. Un autre conseil pour brûler les calories superflues : boire 8 verres d'eau glacée par jour au lieu d'une eau à température ambiante. Votre métabolisme s'accroît de 12 à 20%.

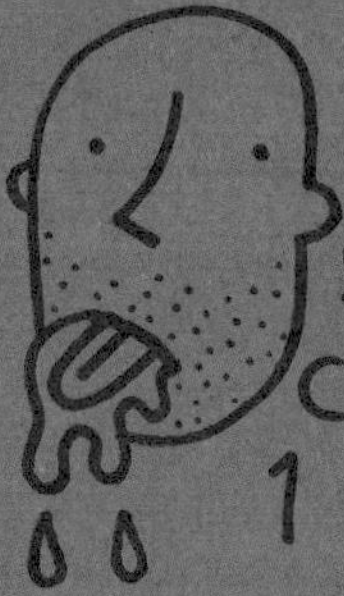

VOTRE BOUCHE SÉCRÈTE CHAQUE JOUR 1 LITRE DE SALIVE

2

JUILLET

5 h 52 21 h 57

St Martinien

Chez l'adulte, un peu moins
d'une demi-tonne de salive
est déglutie par an, c'est la fonction
la plus fréquente, la plus énergivore
et la plus importante de l'appareil
manducateur (bouche).

LES CHOUETTES ONT
LES YEUX FIXES

3
JUILLET
5h52 21h57
St Thomas

Les chouettes n'ont la possibilité
de regarder qu'en face, mais en revanche
elles sont capables de faire pivoter
leur tête de 180 degrés à droite
ou à gauche. Leurs yeux ne sont pas
des globes oculaires mais
des tubes semblables à des jumelles.

IL Y A ASSEZ D'ÉNERGIE DANS UN ÉCLAIR POUR GRILLER 160 000 TRANCHES DE PAIN

4

JUILLET

5 h 53 21 h 57

St Florent

Un éclair ne dure
qu'un millième de seconde,
ce qui laisse peu de temps
pour retourner les tranches…

LES CHAUVES-SOURIS VIRENT TOUJOURS À GAUCHE EN SORTANT D'UNE GROTTE

5
JUILLET

☀ 5h54 ☀ 21h56

St Antoine

Les chauves-souris prennent
cette direction en suivant leur instinct.
Celui-ci est particulièrement important
dans ce cas : lorsque des milliers
de chauves-souris sortent d'une grotte
en même temps, il est préférable
de posséder un système de navigation
qui évite les collisions.

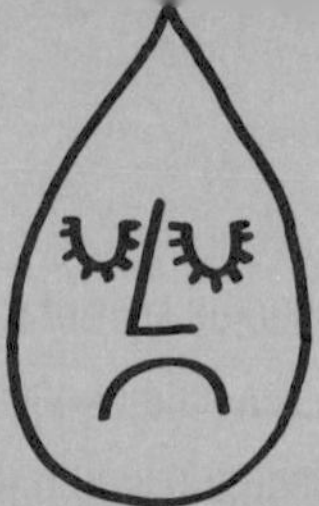

L'HOMME EST LE SEUL ANIMAL QUI VERSE DES LARMES LORSQU'IL EST TRISTE

6

JUILLET

☀ 5h54 ☀ 21h56

Ste Mariette

La plupart des animaux terrestres
produisent des larmes
afin d'humecter leurs yeux. Ils sont
capables de chasser des particules irritantes
à l'aide de ce liquide, qui permet
également à l'œil d'affiner la vision.
Toutefois, seul l'homme verse des larmes
pour des raisons émotionnelles.

LE VER TOXACARA PEUT
FORER AU TRAVERS
D'UN ŒIL HUMAIN

7

JUILLET

5h55 21h55

St Raoul

Le ver *toxacara canis* affecte
principalement les chiens et les chats.
Si ce ver parvient à entrer à l'intérieur
du corps humain, il provoque
des inflammations, et peut forer au travers
des yeux, provoquant la cécité.

L'ABEILLE MÂLE MEURT APRÈS UN RAPPORT SEXUEL

8

JUILLET

☀ 5h56 ☀ 21h55

St Thibault

Il n’est pas rare
que l’abeille mâle meure
une fois l’accouplement effectué
en laissant son appareil reproducteur
dans l’abdomen de la reine.

ELVIS AVAIT UN FRÈRE JUMEAU

9

JUILLET

5h57 21h54

Ste Amandine

Elvis Presley avait un frère jumeau, Jesse Garon, né 35 minutes avant le King. Mais il est décédé à la naissance.

LE CORPS DE CHARLIE CHAPLIN A DÉJÀ ÉTÉ VOLÉ

10
JUILLET

5 h 58 21 h 54

St Ulrich

En 1978, un groupe de mécaniciens suisses a dérobé le cercueil de Charlot. Ils ont été appréhendés 11 semaines plus tard, et le corps a été inhumé de nouveau, cette fois sous 2 mètres de béton solide.

ENVIRON 150 COUPLES SE MARIENT À LAS VEGAS CHAQUE JOUR

11

JUILLET

☀ 5h59 ☀ 21h53

St Benoît, Ste Olga

Tout simplement
parce qu'il y a peu
de pièces à fournir
et pas de délai d'attente
ni de publication des bans !

DOLLY, LA PREMIÈRE BREBIS CLONÉE, A ÉTÉ NOMMÉE EN HOMMAGE À DOLLY PARTON

12
JUILLET

6 h 00 21 h 52

St Olivier

La brebis Dolly, célèbre pour avoir été
le premier mammifère cloné
de l'histoire (en Écosse),
a été nommée ainsi en hommage
à Dolly Parton, une chanteuse country
à la poitrine généreuse (référence
au fait que le clonage fut réalisé à partir
de cellules de glande mammaire).

IL FAUDRAIT 4000 BALLONS GONFLÉS À L'HÉLIUM POUR SOULEVER UNE PERSONNE DE 55 KILOS

13

JUILLET

6h01 21h51

St Henri, St Joël

Un ballon normal soulève
environ 14 grammes.
Il faudrait 3 500 ballons pour élever
une personne de poids moyen,
et 500 de plus si on voulait
qu'elle s'élève à une hauteur
raisonnable.

BARBIE S'APPELLE EN RÉALITÉ BARBARA MILLICENT ROBERTS

14
JUILLET

☀ 6h02 ☀ 21h51

Fête nationale française
St Camille

Ruth Handler baptisa Barbie du nom
de sa fille Barbara. La poupée fit
son apparition lors du Salon international
du jouet à New York, le 9 mars 1959.
C'est cette date qui marque officiellement
la naissance de Barbie.

15

JUILLET

6 h 03 · 21 h 50

St Basile

En même temps, ils n'ont disputé
que quatre matchs ensemble dont deux
qui se sont soldés par un match nul.

16

JUILLET

☀ 6h04 ☀ 21h49

Notre-Dame du Mont Carmel

S'il a changé de nom
c'était pour éviter la confusion
avec un autre acteur, Michael Douglas.
Mais ce dernier avait déjà pris
un nom de scène, car il se nomme
en réalité Michael Kirk Demsky.
Vous suivez ?!

LES DENTS DES CASTORS NE CESSENT JAMAIS DE POUSSER

17

JUILLET

6h05 21h48

Ste Charlotte

C’est la raison pour laquelle
leurs dents ne s’usent pas malgré
une vie passée à ronger
des troncs d’arbres.

L'ACIDE DE L'ESTOMAC PEUT DISSOUDRE L'ACIER

18

JUILLET

6h06 21h47

St Frédéric

Il s'agit de l'acide chlorhydrique,
qui peut digérer des lames de rasoir
ou tout autre objet métallique.
Mais n'essayez pas de vous livrer
à de telles expériences
chez vous !

LE CŒUR DE LA SOURIS BAT TOUS LES 9 MILLIÈMES DE SECONDE

19

JUILLET

☀ 6h07 ☀ 21h46

St Arsène

En principe, plus l'animal est petit,
plus son cœur bat rapidement.
Le sang n'a qu'un cheminement restreint
pour parcourir le système circulatoire,
ce qui lui permet d'en faire le tour
beaucoup plus rapidement que
dans un organisme plus volumineux.

UN HIPPOPOTAME MANGE PLUS DE 40 KG D'HERBE TENDRE PAR JOUR

20

JUILLET

6h08 21h45

Ste Marina

Avec leur poids phénoménal,
les hippopotames broutent
une quarantaine de kilos
de nourriture chaque jour.
Soit 1,5 % de leur poids total.

21

JUILLET

☀ 6h09 ☀ 21h44

Fête nationale belge
St Daniel, St Victor

Le tigre est un excellent nageur.
Il traverse facilement des cours
d'eau larges de 6 à 8 km.
Le record est détenu par un tigre
de Sumatra ayant traversé un bras
de mer de 29 km de large !

LORSQUE VOUS RONFLEZ, VOUS NE RÊVEZ PAS

22
JUILLET

6h11 21h43

Ste Marie-Madeleine

Une fois la cinquantaine passée,
40 % des personnes ronflent…
ça laisse songeur !

23

JUILLET

6h12 21h42

Ste Brigitte

De 1977 à 2011,
le drapeau de la Libye était vert
(couleur de l'islam et de la
« révolution du peuple »
de Mouammar Kadhafi).
La révolution est passée par là
et le drapeau a changé depuis.

UN POULET A SURVÉCU
18 MOIS SANS TÊTE

24
JUILLET

☀ 6 h 13 ☀ 21 h 40

Ste Christine

Un poulet nommé Mike était
destiné à rôtir pour le dîner
afin de faire plaisir à la belle-mère
de son propriétaire, Lloyd Olsen.
Mais quand il entreprit de le plumer,
Lloyd s'aperçut que Mike avait survécu
avec la tête coupée glissée sous son aile,
et décida de laisser la vie sauve
à ce courageux poulet.

L'OURS
POLAIRE
RAFFOLE
DU DENTIFRICE

25

JUILLET

☀ 6h14 ☀ 21h39

St Jacques

Cet ours carnivore dévalise
les tentes des touristes rien
que pour mettre la patte
sur un tube de dentifrice.

LES CENDRES DE CELUI QUI A DÉCOUVERT PLUTON SONT EN CHEMIN VERS PLUTON

26

JUILLET

☀ 6h15 ☀ 21h38

Ste Anne, St Joachim

Depuis 2006,
Pluton n'est plus considérée
comme une planète...
mais comme une sépulture
bien singulière !

ENVIRON 10 000 NOUVEAUX INSECTES SONT DÉCOUVERTS CHAQUE ANNÉE

27

JUILLET

6 h 17 21 h 37

Ste Nathalie

La plupart de ces bestioles
aux pattes crochues sont découvertes
dans les forêts tropicales.
Selon certains spécialistes,
il resterait plus de 10 millions d'espèces
nouvelles à découvrir.

UNE MÈCHE DE CHEVEUX EST FAITE POUR DURER PLUS DE CINQ ANS SUR LA TÊTE

28

JUILLET

☀ 6h18 ☀ 21h35

St Samson

Pour un tissu composé principalement de cellules mortes, les cheveux poussent étonnamment rapidement. On estime généralement qu'ils poussent d'un demi-millimètre par jour.

YAHOO S'APPELAIT AU DÉPART « JERRY'S GUIDE TO THE WORLD WIDE WEB »

29

JUILLET

6h19 21h34

Ste Marthe

Le nom actuel du moteur de recherche
est un acronyme de « Yet Another
Hierarchical Officious Oracle »,
ce qui signifie en français « encore
un oracle à classement officieux ».
Finalement l'ancien nom n'était
pas si mal !

À PARIS, IL Y A PLUS DE CHIENS QUE D'ÊTRES HUMAINS

30
JUILLET

☀ 6h21 ☀ 21h33

Ste Juliette

En réalité on estime
à 200 000 le nombre de chiens
vivant à Paris. Sur l'ensemble
du territoire français on compte
8,1 millions de chiens,
soit 1 toutou pour 8 habitants.

ARNOLD SCHWARZENEGGER A TUÉ 513 PERSONNES DANS SES FILMS

31

JUILLET

6h22 21h31

St Ignace de Loyola

Quant à Sylvester Stallone
il a tué 340 personnes.
C'est mieux que Bruce Willis
qui ne comptabilise
que 200 morts…

LE RONFLEMENT LE PLUS SONORE JAMAIS ENREGISTRÉ MESURE 93 DÉCIBELS

1er AOÛT

☀ 6 h 23 ☀ 21 h 30

Fête nationale suisse

St Alphonse

C'est celui qui figure dans
le *Livre Guinness des records*
à l'actif du Suédois Kare Walkert.
93 décibels équivalent au bruit
d'un moteur de voiture
ou d'un métro qui passe.

UN CRAYON ORDINAIRE PEUT TRACER UN TRAIT DE PLUS DE 55KM

2

AOÛT

☀ 6h25 ☀ 21h28

St Julien

Il y a suffisamment de graphite dans un crayon pour tracer environ 45 000 mots ou bien une ligne de plus de 55 km. Personne n'a encore tenté l'expérience.

LES ÉTATS-UNIS N'ONT PAS DE LANGUE OFFICIELLE

3
AOÛT

6h26 21h27

Ste Lydie

Aux États-Unis, aucune langue officielle n'a jamais été adoptée au niveau fédéral, même si la langue utilisée par le gouvernement est l'anglais. Toutefois, l'anglais est la langue officielle dans 28 États. Le mandarin est la troisième langue la plus parlée aux États-Unis après l'anglais et l'espagnol.

LE CASCADEUR EVEL KNIEVEL DÉTIENT LE RECORD DU MONDE DU NOMBRE DE FRACTURES SIMULTANÉES : 35

4

AOÛT

☀ 6h27 ☀ 21h25

St Jean-Marie Vianney

Le cascadeur affirme
qu'il a passé la moitié des années
entre 1966 et 1973 à l'hôpital.

MARILYN MONROE ÉTAIT ROUSSE

5

AOÛT

☀ 6h29 ☀ 21h24

St Abel

Mais un sondage Ipsos
annonce que seulement 6 %
des hommes préfèrent les rousses,
28 % préfèrent les blondes
et 53 % préfèrent les brunes.
C'est à croire que les hommes
ne savent pas ce qu'ils veulent !

LES POISSONS PEUVENT SE NOYER

6

AOÛT

6 h 30 · 21 h 22

St Octavien

Les poissons prélèvent leur oxygène
dans l'eau, mais celle-ci peut
se raréfier en oxygène.
Si cela se produit, les poissons
s'asphyxient et se noient.

ON A PLUS DE RISQUE D'ÊTRE TUÉ PAR UNE MÉTÉORITE QUE PAR LA FOUDRE

7

AOÛT

6h31 21h21

St Gaétan

L'astronome Alan Harris
a déterminé que les risques
pour un individu d'être tué par une
météorite étaient de 1 sur 70 000.
Les risques d'être atteint par la foudre
sont de 1 sur 576 000,
et ceux d'être tué par la foudre
de 1 sur 2 320 000.

UNE PIEUVRE DU
DIAMÈTRE D'UN
BALLON DE VOLLEY-BALL
TIENT DANS UNE
BOUTEILLE DE SODA

8
AOÛT
6h33 21h19
St Dominique

Les pieuvres ont un corps
totalement mou, puisqu'elles ne
possèdent pas de squelette interne.
Elles ne bénéficient pas d'une coquille
externe, comme le nautile,
et n'ont aucun vestige de coquille
ou d'os interne, comme la seiche.

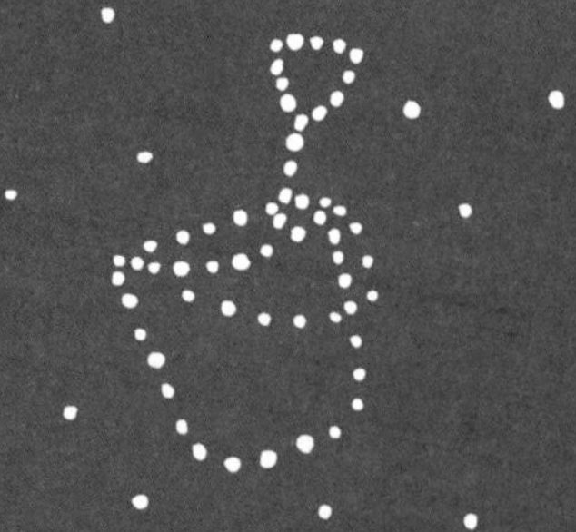

IL Y A PLUS D'ÉTOILES DANS LE CIEL QUE DE GRAINS DE SABLE SUR LA TERRE

9
AOÛT

6h34 21h17

St Amour

Si on avait la patience de les compter,
et c'est théoriquement possible, le nombre
de grains de sable sur cette planète
ne serait jamais qu'un nombre fini
de particules. Les étoiles, quant à elles,
n'entrent pas dans cette catégorie :
les galaxies sont en effet infinies.

130 TASSES DE THÉ CONSTITUERAIENT UNE DOSE MORTELLE DE CAFÉINE

10

AOÛT

6h36 21h16

St Laurent

Une telle dose suffirait à vous tuer,
de même que 191 canettes de Red Bull,
87 tasses de Grande Caffe Mocha
de chez Starbucks, ou même 2 548 barres
de Kit-Kat, qui toutes contiennent
la même quantité de caféine.

LES CORBEAUX SONT LES PLUS INTELLIGENTS DES OISEAUX

11

AOÛT

6h37 21h14

Ste Claire

Et le plus stupide des oiseaux
serait le dodo. Tellement stupide
que l'espèce s'est éteinte il y a plus
de trois siècles. Mais il reste l'emblème,
entre autres, de la bière réunionnaise,
la bière Bourbon.

LES 5 PREMIERS FILMS DE TARZAN ÉTAIENT DES FILMS MUETS

12
AOÛT

6h38 21h12

Ste Clarisse

La première pellicule, *Tarzan chez les singes*, fut tournée en 1918 ; il s'agissait de l'adaptation plutôt fidèle du premier roman d'Edgar Rice Burroughs.
Les 4 autres films de la série des *Tarzan* étaient également muets.

LES ÉTOILES DE MER NE
POSSÈDENT PAS DE
CERVEAU

ÉLÈVE BRILLANTE

13
AOÛT

6h40 21h10

St Hippolyte

Une étoile de mer ne possède pas
de cerveau qui puisse
se comparer au nôtre.
Mais c'est son système nerveux
tout entier qui agit comme
un cerveau décentralisé.

EN JAPONAIS
RINGO VEUT DIRE
POMME

14
AOÛT

6h41 21h09

St Évrard

Le mot « ringo » signifie
« pomme » en japonais.
L'ancien Beatles, Ringo Starr,
est même apparu
dans une publicité au Japon
où on l'associe avec du jus
de pomme.

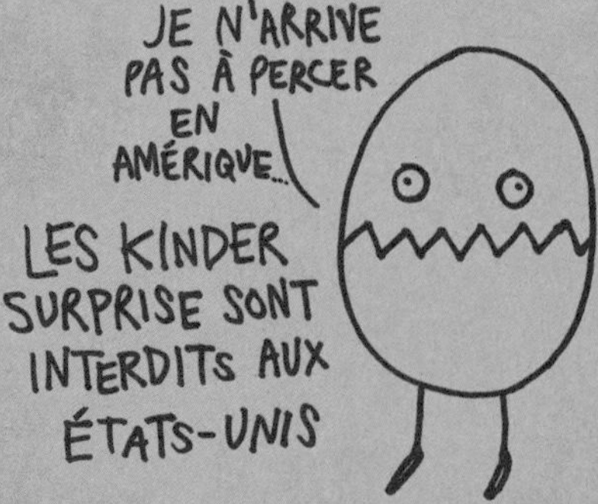

15
AOÛT

6 h 43 · 21 h 07

Assomption • Ste Marie

Le Kinder Surprise existe
depuis 1974 ! Il existe même
des collectionneurs de surprises…
mais n'envisagez pas de passer
la douane avec un Kinder Surprise :
il sera détruit !

LA BALEINE SE NOIE SI ELLE RESTE PLUS DE 30 MINUTES SOUS L'EAU

16

AOÛT

6h44 21h05

St Armel

Pour éviter la noyade
pendant le sommeil,
il est crucial que les
mammifères marins gardent
le contrôle !

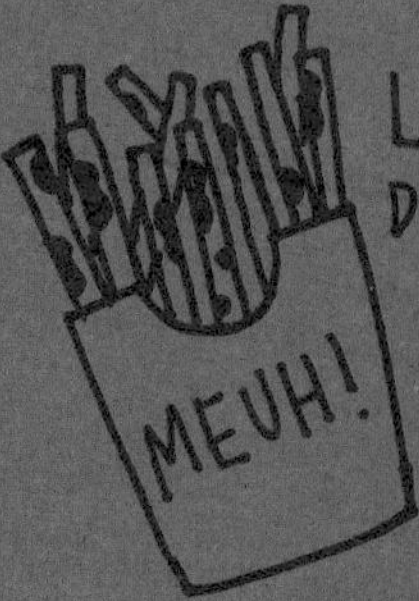

LES FRITES
DE CHEZ
MCDONALD'S
CONTIENNENT
DU BŒUF

17

AOÛT

6h45 21h03

Ste Jeanne

Leurs morceaux de poulet panés sont tout aussi étranges : ils sont fabriqués à base de vieux poulets broyés entiers, crête et pattes comprises.

UN VIETNAMIEN A DORMI À CÔTÉ DU CADAVRE DE SA FEMME DURANT 5 ANS

18
AOÛT
6h47 21h01
Ste Hélène

L'homme a déterré les restes
de sa femme et il a couvert
le cadavre avec de l'argile pour
lui donner figure « humaine ».
Il l'a ensuite habillée puis placée
dans son lit. Bonne nuit…

LE CERVEAU DE L'HOMME DE NÉANDERTAL ÉTAIT PLUS VOLUMINEUX QUE LE NÔTRE

19

AOÛT

6 h 48 · 20 h 59

St Jean Eudes

L'homme de Néandertal, qui descendait des grands singes africains, s'est développé selon une évolution proche de celle de l'homme, mais possédait des hémisphères cérébraux plus grands de 150 à 250 cm^3 que les nôtres. La masse cérébrale n'a cependant aucun rapport avec l'intelligence.

HENRI VI FUT COURONNÉ ROI À 8 MOIS

20
AOÛT

☀ 6 h 50 ☀ 20 h 58

St Bernard

Il devint roi à 8 mois
à la mort de son père Henri V,
et prit les rênes de la France
2 mois plus tard, à la mort
de son grand-père Charles VI.

LES GRENOUILLES NE BOIVENT JAMAIS

21

AOÛT

6 h 51 20 h 56

St Christophe

Les grenouilles ne boivent jamais, mais absorbent l'eau de leur environnement au travers de leur peau, par osmose. Ce phénomène s'appelle l'absorption cutanée.

LES BRITANNIQUES
AVALENT PRÈS
DE 6KG DE HARICOTS
À LA TOMATE

22
AOÛT
6h52 20h54
St Fabrice

Les haricots à la tomate ont beau être une invention américaine, ce plat est une véritable institution au Royaume-Uni. Chaque jour, 5 000 boîtes de *baked beans* sont avalées par les Britanniques, ce qui représente 182 millions de boîtes par an.

23
AOÛT

6h54 20h52

Ste Rose

Si l'on en croit une étude,
les hommes consacrent 83 minutes
par jour à se pomponner,
ce qui comprend la toilette,
l'hydratation et le soin de la peau,
le rasage, les soins des cheveux
et le choix des vêtements.

LE PREMIER «SMILEY» A ÉTÉ TAPÉ EN 1982 :)

24

AOÛT

6h55 20h50

St Barthélemy

Vous qui êtes attaché
à la langue française,
vous préférerez à « smiley »
les mots « frimousse », « binette »,
« souriard », « trombine »
ou encore « gugus ».

IL N'Y A PAS
DE PENDULES DANS
LES CASINOS DE
LAS VEGAS

25
AOÛT

6 h 57 20 h 48

St Louis

Les salles de tous les casinos de Las Vegas sont dépourvues de pendules, et certaines de baies vitrées. La raison en est le désir de la direction de ne pas gâcher le plaisir de leurs clients en leur rappelant le temps déjà passé à perdre de l'argent.

LA PLUPART DES ARAIGNÉES POSSÈDENT 4 PAIRES D'YEUX

26
AOÛT

6 h 58 20 h 46

Ste Natacha

Les araignées n’ont pas
la possibilité de tourner la tête,
leurs yeux sont placés de manière
à offrir une vision la plus proche
possible de 360°.

PLUS D'HOMMES QUE DE FEMMES DORMENT AVEC UN OURS EN PELUCHE

27
AOÛT

☀ 7h00 ☀ 20h44

Ste Monique

Une étude menée par la compagnie
hôtelière Travelodge a établi
que 20% de leur clientèle masculine
avouait câliner un nounours, tandis que
15% seulement des femmes admettaient
se livrer à cette pratique.
63% des 2 000 participants à cette
enquête ont déclaré que ce petit câlin
du soir leur était nécessaire
avant de s'endormir.

28

AOÛT

7h01 20h42

St Augustin

Toutefois, ce processus est très onéreux
et peut prendre jusqu'à 4 mois.
Certains propriétaires d'animaux
domestiques s'en serviraient pour monnayer
leur chagrin lorsqu'ils les perdent.

LE PIVERT FRAPPE LE BEC CONTRE UN TRONC D'ARBRE AU RYTHME DE 20 COUPS PAR SECONDE

29

AOÛT

7 h 02 20 h 40

Ste Sabine

Ce qui empêche les piverts
de souffrir de séquelles
pendant cet exercice effectué en force
à la vitesse de 22 km/h,
c'est la présence d'un coussinet
spongieux derrière le bec
qui absorbe les chocs.

LE SON VOYAGE 4 FOIS PLUS VITE DANS L'EAU QUE DANS L'AIR

30

AOÛT

7h04 20h38

St Fiacre

Non seulement il voyage plus vite sous l’eau, mais il va plus loin. Le son voyage à 1 240 km/h dans l’air, alors qu’il atteint 5 470 km/h dans l’eau.

LES FOURMIS PEUVENT SOULEVER JUSQU'À CINQUANTE FOIS LEUR POIDS

31

AOÛT

☀ 7h05 ☀ 20h36

St Aristide

Ce prodige équivaudrait
pour un homme de 100 kg
à soulever un poids
de 5 000 kg !

EN MOYENNE, UN TIMBRE CONTIENT 5.9 CALORIES

1er

SEPTEMBRE

☀ 7h07 ☀ 20h34

St Gilles

La colle au verso d'un timbre
à l'effigie de Marianne
contenait 5,9 calories.
Cette colle contient encore
de la gélatine d'origine animale
dans certains pays, comme
au Royaume-Uni.
Aux États-Unis, elle est
d'origine végétale et en Israël,
elle est certifiée kasher.

2

SEPTEMBRE

☀ 7 h 08 ☀ 20 h 32

Ste Ingrid

Les réalisateurs s'inspirent
décidément beaucoup
de leur cuisine !
La neige de la scène
du labyrinthe dans *Shining*
est en réalité du sel.

LUDWIG VAN BEETHOVEN A ÉTÉ ARRÊTÉ PAR LA POLICE QUI LE PRENAIT POUR UN VAGABOND

3

SEPTEMBRE

☀ 7h09 ☀ 20h30

St Grégoire

Les garnements des rues
se moquaient de la surdité
de Beethoven, de ses crises de colère
et de sa conduite erratique.
La police l'a même arrêté un jour
parce qu'il regardait par les fenêtres
de ses voisins, habillé
comme un vagabond.

LE CORPS DE NELSON FUT RAPATRIÉ EN ANGLETERRE FLOTTANT DANS UN BARIL DE COGNAC

4

SEPTEMBRE

7h11 20h28

Ste Rosalie

À la mort de l'amiral Nelson
durant la bataille navale
de Trafalgar, son corps fut préservé
dans un tonneau de brandy
et renvoyé ainsi en Angleterre.
La rumeur veut qu'à l'arrivée,
on découvrit que tout le brandy
avait été bu par les marins.

LA TASSE DE THÉ LA PLUS CHÈRE DU MONDE SE VEND 127 DOLLARS

5

SEPTEMBRE

7h12 20h26

Ste Raïssa

Vous la trouverez
chez Harrods, à Londres.
Le thé y est vendu 22 507 dollars
le paquet de 340 g.

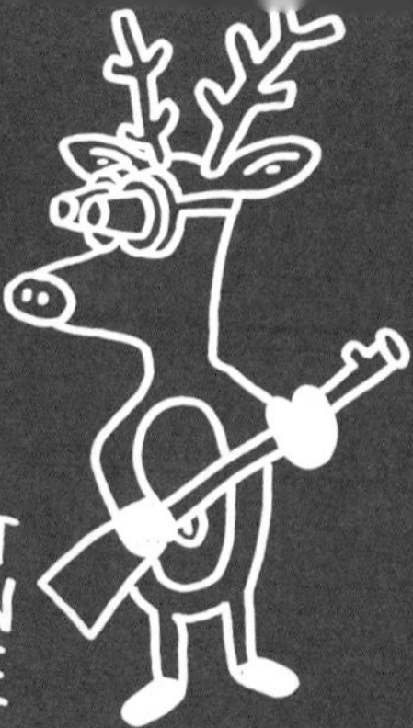

LES CERFS POSSÈDENT UNE VISION NOCTURNE

6

SEPTEMBRE

7h14 20h23

St Bertrand

Selon les chercheurs,
les cerfs sont capables de déceler
une partie des rayons ultra-violets,
et donc les tissus des chasseurs
qui contiennent des fibres
teintées aux U.V.

CERTAINS PARFUMS CONTIENNENT DU VOMI DE BALEINE

7

SEPTEMBRE

☀ 7h15 ☀ 20h21

Ste Reine

Les régurgitations des baleines
s'appellent l'ambre gris.
Au départ, l'ambre gris sent très
mauvais, mais après des années
passées au fond de la mer
et sur le sable des plages au soleil,
il dégage un arôme doux et rare,
utilisé en parfumerie.

UN ÉCLAIR NE DURE QU'1/10 000e DE SECONDE

8

SEPTEMBRE

7h17 20h19

St Adrien

En moyenne seulement,
car la vitesse d'un éclair est variable.
Il ne s'agit pas seulement de lumière,
mais de plasma d'électrons qui se déplacent
dans de l'air chargé. La vitesse varie
aussi en fonction de la qualité de l'air,
mais un éclair voyage généralement
à la vitesse de 360 000 km/h.

9

SEPTEMBRE

7h18 20h17

St Alain

Les loutres sont beaucoup plus romantiques
que les chevaux qui dorment debout
et ne peuvent se tenir par la jambe.

LOU REED AVAIT REÇU UN TRAITEMENT D'ELECTROCHOC AU CERVEAU

10

SEPTEMBRE

7h19 20h15

Ste Inès

Les parents de Lou Reed
l'avaient forcé à recevoir un traitement
d'électrochoc au cerveau
dans le but de le « guérir »
de ses penchants homosexuels
et de son « comportement ».

LA BOÎTE
CRÂNIENNE EST
CONSTITUÉE
DE

OS

11

SEPTEMBRE

7h21 20h13

St Adelphe

Le crâne pourrait passer pour la structure osseuse la plus importante du squelette humain, particulièrement parce qu'il a en charge la protection des hémisphères cérébraux. Mais le crâne est également le siège de la plupart de nos organes des sens : les yeux, les oreilles, la langue, le nez et une partie de la peau.

UNE MARQUE
DE CRÈMES
GLACÉES
AMERICAINE
DISTRIBUE
SES SURPLUS
ET INVENDUS
À DES COCHONS

12
SEPTEMBRE

7 h 22 20 h 11

St Apollinaire

Depuis 1987, la société
Ben & Jerry's distribue
ses surplus de crèmes glacées
dans une ferme porcine du Vermont.
Selon les rapports de consommation,
les cochons se vautrent dans tous
les parfums qu'ils adorent,
sauf les glaces parfumées
à la menthe et aux cookies.

LES HOMMES RISQUENT PLUS D'ÊTRE FRAPPÉS PAR LA FOUDRE QUE LES FEMMES

13

SEPTEMBRE

7h24 20h09

St Aimé

Les hommes sont frappés
par la foudre 4 fois plus
souvent que les femmes.
Aux États-Unis, entre 1959
et 1994, les victimes tuées
par la foudre étaient
à 84% des hommes.

LE POISSON LE PLUS LENT EST UN HIPPOCAMPE

14

SEPTEMBRE

7 h 25 20 h 07

Croix glorieuse

Des quelques 30 espèces
de la famille des hippocampes,
l'hippocampe nain, ou hippocampe
des gorgones, est le plus petit ;
il atteint rarement des vitesses
plus élevées que 0,0015 km/h.

LE PLUS PETIT ÊTRE HUMAIN ADULTE MESURAIT 54,6 CM

15

SEPTEMBRE

☀ 7h26 ☀ 20h04

St Roland

En 2012, le Népalais
Chandra Bahadur Dangi
est entré dans le
Livre Guinness des records.
Il mesurait alors 54,6 cm.

LE PREMIER JEU TÉLÉVISÉ EN GRANDE-BRETAGNE FUT "L'ABEILLE QUI ÉPÈLE"

16
SEPTEMBRE
7h28 20h02
Ste Édith

Ce jeu a été programmé en 1938,
et s'inspirait du même format
diffusé à la télévision américaine.
Il consistait à donner la bonne
orthographe d'un mot.

LA GIRAFE A LA LANGUE NOIRE

17

SEPTEMBRE

☀ 7h29 ☀ 20h00

St Renaud

Et la célèbre « Sophie la girafe »
subit les coups de langue rose
des bébés depuis 1961 !

SUR LA CARTE DE VISITE D'AL CAPONE, ON POUVAIT LIRE :

18

SEPTEMBRE

7h31 19h58

Ste Océane

On lisait en effet :

Alphonse Capone,
Meubles d'occasion,
2220 South Wabash Avenue,
Chicago.

MOZART S'EST
MIS À COMPOSER
À L'ÂGE DE
5 ANS

19
SEPTEMBRE

7h32 19h56

Ste Émilie

Fils d'un violoniste et compositeur,
Wolfgang Amadeus commença
sa carrière de compositeur à cinq ans.
Trois ans plus tard, il écrivit
ses trois premières symphonies.

HITLER FUT ELU
HOMME DE L'ANNÉE
1938 PAR LE MAGAZINE
AMÉRICAIN TIME

20
SEPTEMBRE

7h34 19h54

St Jean-Charles

Le 2 juillet 1939, le magazine *Time*
publia son édition annuelle habituelle
sur l'Homme de l'Année. C'est Adolf Hitler
qui constituait l'objet de ce choix,
en reconnaissance de l'influence
qu'il avait eue en 1938 sur les événements,
« pour le meilleur ou pour le pire ».

21

SEPTEMBRE

☀ 7h35 ☀ 19h52

St Matthieu

Les carottes contiennent du carotène,
un pigment jaune orangé qui donne
leur couleur aux carottes.
Si vous abusez de ce légume,
le pigment vous fera paraître
de la même couleur.

LA PLAQUE MINÉRALOGIQUE LA PLUS CHÈRE DU MONDE PORTE

LE NUMÉRO 1

22

SEPTEMBRE

7h36 19h49

St Maurice

Elle a été achetée en 2008
par un membre d'une richissime
famille d'Abu Dhabi,
Saeed Khouri, pour la coquette
somme de 14,2 millions de dollars.

LE RECORD DU MONDE
D'APNÉE SOUS L'EAU EST
DE 11 MINUTES 35 SECONDES

23
SEPTEMBRE

7h38 19h47

Automne • St Constant

Le Français Stéphane Mifsud
établit en 2009 le record du monde
de 11 minutes 35 secondes
sous l'eau sans respirer.

LE LAIT D'HIPPOPOTAME EST ROSE

24

SEPTEMBRE

☀ 7h39 ☀ 19h45

St Anatole

Plus épatant encore,
lorsque la mère est immergée,
le petit tète sous l'eau.
De toute façon, il tète en apnée,
narines et oreilles fermées,
même sur la terre ferme !

25
SEPTEMBRE
7h41 19h43
St Hermann

De nouvelles espèces sont découvertes tous les jours, ou presque, même de nouveaux oiseaux ou des mammifères inconnus. En moyenne, on recense annuellement 3 nouvelles espèces d'oiseaux, et pas plus tard qu'en 1990, une nouvelle espèce de singe fut découverte.

26
SEPTEMBRE

7h42 19h41

St Côme, St Damien

Et le « french kiss » alors ?
C'est le langoureux baiser avec
la langue. Plus familièrement
on dira : rouler une pelle, rouler
un patin ou encore emballer…
Mais c'est mieux avec
une haleine fraîche !

LES DERNIERS MOTS D'OSCAR WILDE : « SOIT C'EST LE PAPIER PEINT QUI S'EN VA, SOIT C'EST MOI. »

27

SEPTEMBRE

7h44 19h39

St Vincent de Paul

Le papier peint est resté.
L'écrivain irlandais Oscar Wilde aurait prononcé ces derniers mots sur son lit de mort, dans une chambre d'hôtel miteuse, à Paris, en novembre 1900.

LES CHATS PASSENT
70% DE LEUR VIE
À DORMIR

28

SEPTEMBRE

☀ 7h45 ☀ 19h37

St Venceslas

Les chats sont, parmi les mammifères, ceux qui dorment le plus. Ils somnolent en effet près de 16 heures par jour, et quand ils émergent de leur sieste, c'est pour passer environ 30% du temps restant à se lécher !

MONA LISA N'A PAS DE SOURCILS

29

SEPTEMBRE

7h47 19h35

St Gabriel, St Michel

La Joconde ne possède aucun poil sur le visage, ni sourcils ni cils. Selon les experts, il était courant à l'époque que les dames de la bonne société s'épilent entièrement le visage, les poils étant jugés disgracieux.

L'INVENTEUR DU TÉLÉPHONE, ALEXANDER GRAHAM BELL, N'A JAMAIS PU APPELER SA FEMME… QUI ÉTAIT SOURDE

30
SEPTEMBRE

7h48 19h32

St Jérôme

Mabel Bell, qui avait épousé l'inventeur du téléphone en 1887, quelques jours avant l'ouverture de sa société *Bell Telephone Company*, était sourde. Graham Bell ne pouvait pas non plus appeler sa mère, atteinte elle aussi de surdité.

RESTER ÉVEILLÉ
PENDANT DEUX SEMAINES
PEUT ENTRAÎNER
LA MORT

1er
OCTOBRE

☀ 7h49 ☀ 19h30

Ste Thérèse de l'Enfant Jésus

Le nombre de globules blancs
dans le corps décroît, au même titre
que l'activité des globules blancs restants.
Le corps réduit également la production
de son hormone de croissance,
la capacité de métabolisation du sucre
décline, ce qui entraîne la transformation
du sucre en graisse.

LE PLUS LONG COMBAT DE BOXE DE L'HISTOIRE A DURÉ 110 ROUNDS

2
OCTOBRE

☀ 7h51 ☀ 19h28

St Léger

Le plus long combat de boxe
de l'histoire, en rounds de trois minutes,
a eu lieu à la Nouvelle-Orléans
en 1893, opposant
Andy Bowen à Jack Burke.
Le combat dura 7 heures et
19 minutes, et se termina
par un match nul, les deux valeureux
combattants ayant refusé de s'affronter
pour un 111e round.

3
OCTOBRE

7h52 19h26

St Gérard

Sachez que les anneaux de Saturne
furent observés pour la première fois
par Galilée en 1610, qui les prit
pour deux satellites de la planète.

UN CANARD
À 4 PATTES EST
NÉ EN 2007

4
OCTOBRE

☀ 7h54 ☀ 19h24

St François d'Assise

Stumpy a éclos dans la ferme
avicole de Warrawee,
dans le Hampshire, en février 2007.
Il possédait quatre pattes,
les deux supplémentaires étaient
situées à l'arrière des normales.

UN HOMME A SURVÉCU 92 ANS AVEC UNE BALLE DANS LA TÊTE

5
OCTOBRE

7h55 19h22

Ste Fleur

Les rares cas décrits de patients ayant survécu à une telle blessure indiquent que la balle peut se déplacer à tout moment. Cet homme a eu de la chance !

LE PLUS GRAND GÂTEAU DU MONDE MESURAIT 33 MÈTRES DE HAUT

6
OCTOBRE

☀ 7h57 ☀ 19h20

St Bruno

Le plus grand gâteau du monde
a été confectionné par les élèves
d'un collège indonésien en 2008.
Il pesait 18 tonnes.

LE TROU LE PLUS PROFOND CREUSÉ SUR LA TERRE MESURE PLUS DE 12 KM

7

OCTOBRE

7h58 19h18

St Serge

En 1972, des ingénieurs russes
ont creusé un trou à la frontière
de l'Alaska, et ont renoncé
à poursuivre en 1989,
12 262 mètres plus bas.
Ils n'avaient pas atteint
leur objectif, mais la foreuse
avait rendu l'âme.

LE PREMIER COURRIEL JAMAIS ENVOYÉ FUT :

8

OCTOBRE

8h00 19h16

Ste Pélagie

C'est en 1971, au cours d'une expérience, que l'ingénieur informatique américain Ray Tomlinson découvrit qu'il pouvait établir une communication entre deux ordinateurs. C'est lui également qui décida d'utiliser le symbole @ pour les adresses courriel.

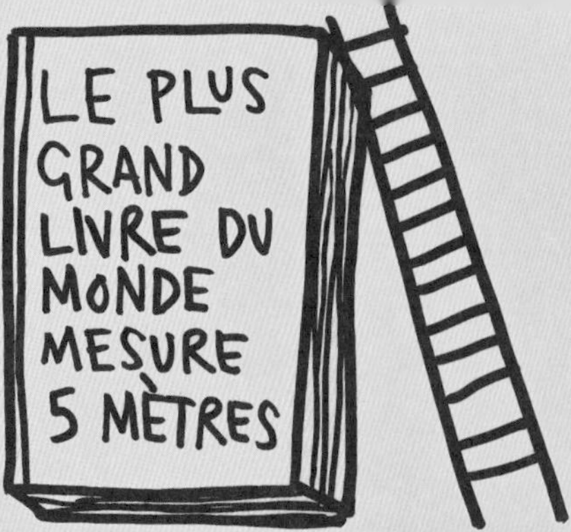

9

OCTOBRE

8h01 19h14

St Denis

Ce petit livre de chevet
contient des passages de la vie du prophète
Mahomet, dans le but de diffuser
des messages de paix et de tolérance.

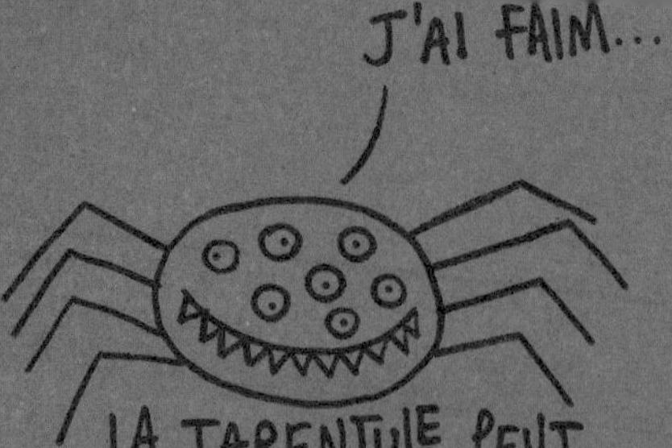

LA TARENTULE PEUT SURVIVRE JUSQU'À 2 ANS SANS NOURRITURE

10
OCTOBRE

8h03 19h12

St Hugo

La tarentule n'est pourtant
pas frugale ! À l'âge adulte,
elle peut se nourrir
de bébés souris…

UNE DENT A POUSSÉ
SUR LA MÂCHOIRE
D'UNE FEMME DE 125 ANS

11
OCTOBRE
8h04 19h10
St Firmin

Une Indienne musulmane âgée de 125 ans s'est réveillée un matin avec une nouvelle dent qui poussait dans sa mâchoire.
Sa famille était si ravie qu'elle a organisé une cérémonie spéciale pour célébrer l'événement, l'*Annaprasan*, réservée habituellement aux jeunes enfants.

IL Y A PLUS DE BACTÉRIES DANS NOTRE BOUCHE QUE DE PERSONNES SUR TERRE

12

OCTOBRE

8h06 19h08

St Wilfried

Dans un millilitre de salive,
on compte 40 millions de bactéries.
Certaines sont bonnes pour la santé,
d'autres nous aident à digérer,
mais elles peuvent aussi
transmettre des maladies.

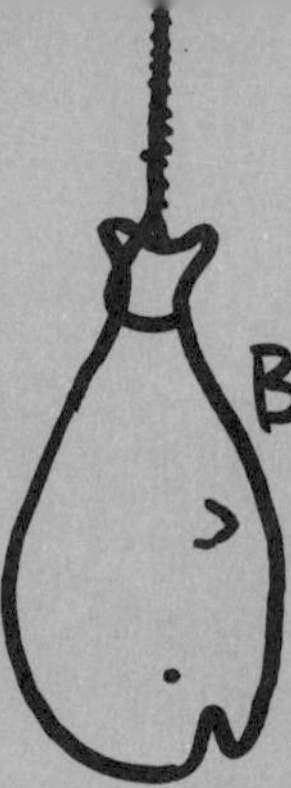

CERTAINES BALEINES SE SUICIDENT

13

OCTOBRE

☀ 8h07 ☀ 19h06

St Géraud

On ignore la raison scientifique
qui pousse certaines baleines
à s'échouer, mais on présume
qu'elles s'égarent lorsque le mâle
dominant perd ses repères.

UN BAISER D'UNE MINUTE BRÛLE JUSQU'À 26 CALORIES

14

OCTOBRE

8h09 19h04

St Céleste

La quantité de calories brûlées
pendant un baiser diffère selon le poids
des individus, mais la moyenne
se situe autour de 26 par minute.
Les baisers stimulent non seulement
les muscles du visage
et de la langue, mais ils accélèrent
également le rythme cardiaque.

UNE FEMME A SURVÉCU À UNE CHUTE LIBRE DE PLUS DE 10 000 MÈTRES D'UN AVION

15
OCTOBRE

☀ 8h10 ☀ 19h02

Ste Thérèse d'Avila

Vesna Volovic figure dans
le *Livre Guinness des records*
pour avoir survécu à la plus grande chute
dans le vide sans parachute.
L'avion dans lequel elle avait pris place
en 1972 explosa en plein vol,
elle fut la seule survivante.

1/3 DES ANANAS VENDUS DANS LE MONDE SONT PRODUITS À HAWAII

16

OCTOBRE

8h12 19h00

Ste Edwige

Découvert en même temps
que le Nouveau Monde, ce fruit exotique
peut aussi se cultiver sous serre en Europe.
Les premiers ananas mûris en serre ont été
présentés à Louis XV en 1733.

17

OCTOBRE

8h13 18h58

St Baudouin

L'Indien Habib Mian avait survécu
70 ans à son épouse
et perdu la vue 50 ans avant
de s'éteindre en 2008.

CHAQUE EMPLOYÉ DE BEN & JERRY'S A DROIT À 1,5L DE GLACE PAR JOUR

18

OCTOBRE

☀ 8h15 ☀ 18h56

St Luc

Sachez qu'il aurait fallu moins
de 2 minutes et 30 secondes
à Patrick Bertolletti (record du monde
de crème glacée avalée en trente secondes)
pour avaler la ration quotidienne
des employés de Ben & Jerry's.

LA MALADIE LA PLUS

RÉPANDUE SUR TERRE

EST LA CARIE DENTAIRE

19

OCTOBRE

8h16 18h54

St René

La carie dentaire est l'affection
qui touche le plus d'êtres humains
sur cette planète.
C'est heureusement un mal
qui se soigne plus facilement
que d'autres.

LE PLUS LONG TÉNIA JAMAIS TROUVÉ DANS LE CORPS D'UN HOMME MESURAIT 31 MÈTRES

20
OCTOBRE

☀ 8h18 ☀ 18h52

Ste Adeline

Ce record bizarre appartient
à Sally Mae Wallace.
En 1991, elle a fait appel
à un docteur
au cœur bien accroché
qui lui retira le ver solitaire
par la bouche…

LES PIGEONS VOIENT LA RÉALITÉ AU RALENTI

21
OCTOBRE

☀ 8h20 ☀ 18h50

Ste Céline

Un pigeon verrait un film
tourné en 24 images/seconde
comme un diaporama.

CHRISTOPHE COLOMB ÉTAIT PERSUADÉ QUE LA TERRE ÉTAIT EN FORME DE POIRE

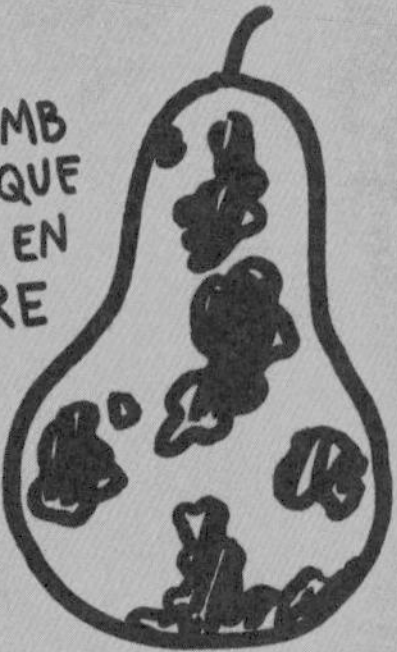

22
OCTOBRE

8h21 18h48

Ste Élodie

Au cours de son troisième voyage,
Christophe Colomb doubla les îles
Chacachacare et Margarita.
Il décrivit ces nouvelles terres comme
faisant partie intégrante d'un nouveau
continent jusque-là inconnu,
mais il s'imagina que celui-ci devait saillir
de la Chine vers l'extérieur, affirmant
que la Terre n'était pas sphérique
mais en forme de poire.

LES ROMAINS QUI DÉCOUVRIRENT LES PERROQUETS LEUR APPRENAIENT À DIRE "AVE CAESAR" !

23

OCTOBRE

8h23 18h47

St Jean de Capistran

Importés d'Inde, les perroquets n'imitent pas les sons dans leur milieu naturel. La cause de leur talent d'imitation en captivité reste inexpliquée.

LE PREMIER ROBOT FUT UN CANARD

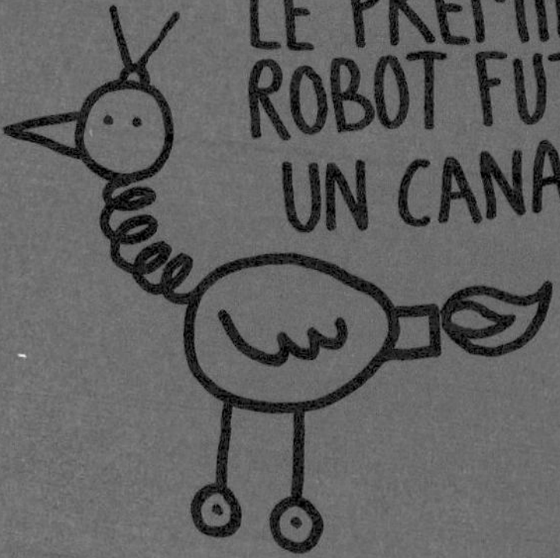

24

OCTOBRE

8h24 18h45

St Florentin

Le Français Jacques de Vaucanson
fabriqua un canard mécanique
en 1737. Il battait des ailes,
poussait son « couac couac »
de temps en temps, et digérait
de la nourriture.

25

OCTOBRE

8h26 18h43

St Crépin

Il en est de même pour « adverbe »,
« adjectif », etc. Par ailleurs,
vous êtes-vous déjà demandé
pourquoi le mot « mnémotechnique »
est si compliqué à retenir ?

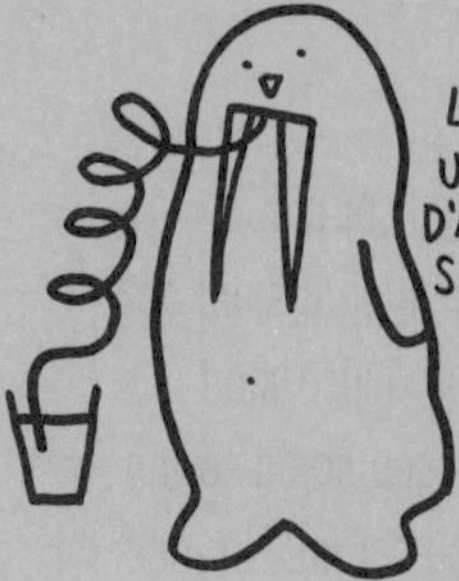

LES MORSES ONT UN POUVOIR D'ASPIRATION 3 FOIS SUPÉRIEUR À CELUI D'UN ASPIRATEUR

26
OCTOBRE

☀ 7h27 ☀ 17h41

St Dimitri

Ils utilisent ce pouvoir
pour aspirer les huîtres, praires
et autres palourdes, et bizarrement,
pour aspirer la cervelle
de leurs propres nouveau-nés
par les narines.

14.4 MILLIONS DE LETTRES SE PERDENT DANS LE COURRIER TOUS LES ANS

27
OCTOBRE

7h29 17h39

Ste Émeline

Au Royaume-Uni,
les services de la poste
égarent 14,4 millions de lettres
et de paquets chaque année,
plus de la moitié du courrier
perdu se retrouvant dans
la mauvaise boîte aux lettres.

IL EXISTE PLUS DE 600
ESPÈCES DE PLANTES
CARNIVORES

28
OCTOBRE

☀ 7h30 ☀ 17h38

St Jude

Les plantes carnivores poussent
sur des terres pauvres en nutriments
et piègent des insectes et des petits
animaux pour survivre. Elles établissent
des pièges et attrapent principalement
des insectes, plus rarement
des petits mammifères, des reptiles ou
des amphibiens avant de les digérer.
C'est le seul point commun entre toutes
les espèces.

EN FRANCE,
LA LOI INTERDIT
D'APPELER UN
COCHON
NAPOLÉON

29
OCTOBRE

7h32 17h36

St Narcisse

Cela date bien évidemment de l'époque d'un certain empereur français…
C'est certainement la raison pour laquelle George Orwell a nommé ainsi le cochon dans *La Ferme des animaux*.

LES GIRAFES SE NETTOIENT LES OREILLES AVEC LEUR LANGUE DE 45 CM

30
OCTOBRE

☀ 7h34 ☀ 17h34

Ste Bienvenue

Les girafes mâles peuvent mesurer près de 6 mètres et peser jusqu'à 2,6 tonnes. Comme elles ne possèdent pas de glandes lacrymales, elles se lavent les yeux avec leur langue, qui peut atteindre 50 cm. Cet organe précis, qui peut servir de doigt extensible, leur sert également à choisir les feuilles les plus éloignées au sommet des arbres.

ON A ACCUSÉ UN JOUR PICASSO D'AVOIR VOLÉ LA JOCONDE

31
OCTOBRE
7h35 17h32
St Quentin

En 1911, *La Joconde* fut volée au Louvre.
Picasso fut conduit au siège de la Police
à Paris mais relâché car innocenté.
Il avait souvent déclaré : « Les bons artistes
copient, les grands artistes volent ! »

APPLE
A ÉTÉ
FONDÉ UN
1ER AVRIL

1er
NOVEMBRE

7h37 17h31

Toussaint

De l'année 1976
plus précisément. C'est Steve Jobs
qui trouva le nom de la firme.

CHARLIE CHAPLIN A TERMINÉ TROISIÈME D'UN CONCOURS DE SOSIES DE CHARLOT

2
NOVEMBRE

7 h 38 · 17 h 29

Défunts

Au cours du siècle dernier, les concours de sosies de Charlie Chaplin étaient très populaires. Charlot s'inscrivit à l'un d'entre eux, à San Francisco, et ne s'y montra guère brillant. Malgré cet échec, il déclara à un reporter qu'il avait bien envie d'apprendre aux autres concurrents la vraie démarche de Charlot.

LES VIKINGS SE TORCHAIENT AVEC DES PEAUX DE MOUTONS

3

NOVEMBRE

☀ 7 h 40 ☀ 17 h 28

St Hubert

Les Vikings utilisaient des restes de peaux de moutons pour s'essuyer après avoir déféqué. Avant l'apparition du papier toilette en 1391, les hommes utilisaient des matériaux variés pour faire le travail.

À Hawaii, on se servait de la bourre qui entoure les noix de coco ; en France, dans la bonne société, on se torchait avec de la dentelle.

LES MOUCHES SE NOURRISSENT EN VOMISSANT SUR LEUR REPAS

4

NOVEMBRE

☀ 7h42 ☀ 17h26

St Charles

Selon les spécialistes, les mouches
digèrent ainsi la nourriture
avant de l'ingérer. Elles vomissent,
sur les morceaux qui les intéressent,
des sucs digestifs dissolvent
les particules en un liquide
qu'elles vont alors sucer à l'aide
des parties spongieuses de leur appareil
buccal et de leur trompe.

LE CORPS D'UN HOMME ADULTE CONTIENT JUSQU'À 5 LITRES DE SANG

5

NOVEMBRE

7 h 43 17 h 24

Ste Sylvie

Ce volume constitue environ
7 % du poids moyen des individus.
À chaque battement, le cœur
pompe de l'oxygène et du sang
vers toutes les parties du corps,
et il le fait plus de 100 000 fois
par jour.

LA PLUS FORTE DES BIÈRES CONTENAIT 55% D'ALCOOL

6
NOVEMBRE

7 h 45 · 17 h 23

St Léonard

Il s'agit d'une bière écossaise baptisée « The End of History ». Mais ce record a été dépassé par « Start the Future » dont le taux d'alcool est estimé à 60 %. À consommer avec modération...

SI VOUS CHERCHEZ SUR GOOGLE MAPS L'ITINÉRAIRE ENTRE LE JAPON ET LA CHINE, L'ÉTAPE 43 CONSISTERA À TRAVERSER LA MER DU JAPON EN JET-SKI SUR 782 KM

7
NOVEMBRE

☀ 7h46 ☀ 17h21

Ste Karine

Encore plus fort. Pour aller
du Japon aux USA, il vous faudra
un kayak pour arriver à Hawaii
(6 243 km), un kayak qu'il faudra garder
sous le coude car vous en aurez besoin
pour faire la partie Hawaii-USA (4 436 km).
Merci Google !

LE MONT EVEREST GRANDIT DE 4 MILLIMÈTRES PAR AN

8

NOVEMBRE

7 h 48 17 h 20

St Geoffroy

Si l’on en croit
le *National Geographic,*
l’Everest gagne 4 mm en hauteur
chaque année, grâce au jeu
de la tectonique des plaques.
Le 9 octobre 2005,
le Bureau chinois de Cartographie
évalua la hauteur de l’Everest
à 8 844,43 mètres.

C'EST À 10 ANS QUE L'ON ENTEND LE MIEUX

9
NOVEMBRE

☀ 7 h 50 ☀ 17 h 19

St Théodore

Le sens de l'ouïe d'un enfant
de 10 ans couvre un spectre sonore
allant de 10 à 12 000 Hz.
En prenant de l'âge, l'ouïe se détériore.
La plus haute fréquence perçue
par une oreille adulte d'âge moyen
se situe entre 10 et 10 000 Hz.

GEORGE W. BUSH
A 91 DE QI

10

NOVEMBRE

☀ 7h51 ☀ 17h17

St Léon

Il s'agirait d'un canular,
il ne semble pas que le QI
de G.W. Bush ait été mesuré.
Près des 2/3 de la population
ont un QI entre 85 et 115 ;
3 % dépassent le seuil de 130
(niveau très supérieur à la moyenne) ;
pour 3 % le QI est inférieur à 70
(faiblesse intellectuelle).

SELON LES ANCIENS GRECS, LES DÉJECTIONS DE PIGEONS STIMULAIENT LA CROISSANCE DES CHEVEUX

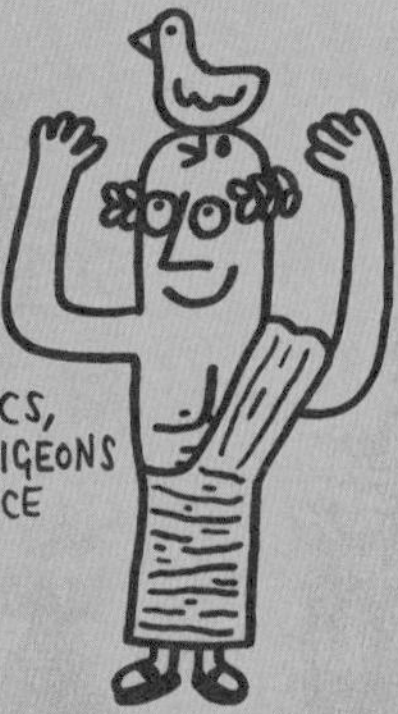

11

NOVEMBRE

7h53 17h16

Armistice 1918 • St Martin

Hippocrate, que l'on surnomme souvent « le père de la médecine », suggère d'essayer ce traitement en cas de calvitie. Les Grecs n'étaient pas les seuls à chercher des remèdes farfelus : les Égyptiens étaient persuadés que la viande de crocodile pourrie favorisait la repousse des cheveux.

DEPUIS LE DÉBUT DU SIÈCLE, PRÈS D'UN MARIAGE SUR DEUX SE TERMINE PAR UN DIVORCE

12
NOVEMBRE

7h54 17h15

St Christian

La principale cause d'inquiétude
dans un couple, ce sont
les problèmes financiers.
Il devient de plus en plus difficile
de mener une vie de couple
lorsque les deux conjoints travaillent,
ou pire, lorsque le chômage affecte
l'un ou l'autre des intéressés.

13

NOVEMBRE

☀ 7h56 ☀ 17h13

St Brice

Le titre *Yesterday* a notamment
été repris par Marvin Gaye,
Marianne Faithfull, Ray Charles,
Frank Sinatra, Tom Jones, Boyz II Men,
Richard Clayderman, Didier Super…

LES ONGLES DE PIEDS
D' HOWARD HUGUES MESURAIENT 15CM

14
NOVEMBRE

7h57 17h12

St Sidoine

Le metteur en scène, homme d'affaires
et recordman d'aviation Howard Hughes
a souffert dans la seconde moitié de sa vie
d'une phobie des microbes.
Ironiquement, il prenait de moins en moins
soin de lui-même, refusant de se laver,
et laissant ses ongles grandir
démesurément.

INGÉRER PLUS D'UN KILO DE POMMES DE TERRE EN UN REPAS PEUT VOUS TUER

15

NOVEMBRE

7h59 17h11

St Albert

Les pommes de terre contiennent
des alcaloïdes toxiques :
la solanine et la chaconine.
Une intoxication à la solanine surviendra
si vous mangez plusieurs kilos
de patates en une journée.

16

NOVEMBRE

☀ 8h01 ☀ 17h10

Ste Marguerite

L'Américain Robert Wadlow
possédait les mains et les pieds
les plus grands du monde.
Il mourut à l'âge de 22 ans.

EN 1859, 24 LAPINS FURENT INTRODUITS EN AUSTRALIE. 6 ANS PLUS TARD, ILS ÉTAIENT 2 MILLIONS

17
NOVEMBRE

☀ 8h02 ☀ 17h08

Ste Élisabeth

En 1859, Thomas Austin,
un Britannique du sud de l'Australie
amateur de chasse et nostalgique
de son pays, importe de Grande-Bretagne
12 couples de lapins. 50 ans plus tard,
on en compte 600 millions
qui ont colonisé 60 % du territoire.

ENVIRON 250 PERSONNES SE SONT TUÉES EN TOMBANT DE LA TOUR DE PISE

18
NOVEMBRE

8h04 17h07

Ste Aude

Depuis 1174, on a recensé
environ 250 morts
au pied de la Tour de Pise,
dont l'inclinaison serait due
à la friabilité du sol
où reposent ses fondations.

19
NOVEMBRE

8h05 17h06

St Tanguy

Le paquebot aurait coûté la somme astronomique (à l'époque) de 7,5 millions de dollars, tandis que le film de James Cameron en a coûté... 250 millions. Il a fallu 3 ans pour construire le paquebot, à peu près autant que pour tourner le film.

LE GUI
EST UN
POISON POUR
L'HOMME

20

NOVEMBRE

8h07 17h05

St Edmond

Les branches et les feuilles du gui contiennent des substances toxiques. Les baies de gui n'en contiennent pas. L'ingestion de feuilles ou de petites branches provoque des nausées, vomissements et diarrhée. Des symptômes généraux tels que la somnolence, la faiblesse et la fièvre sont parfois observés.

IL Y A PLUS DE

VERS

SUR TERRE QUE DE TOUT AUTRE ÊTRE VIVANT

21

NOVEMBRE

8 h 08 17 h 04

Présentation de la Vierge Marie

Les habitants de la Terre
les plus nombreux sont les vers.
On en compterait 40.000.000.000.000.
000.000.000.000.000.000.000.000.
000.000.000.000.000.000 !

UNE ABEILLE OUVRIÈRE
MOYENNE NE PRODUIT
QU'UN DOUZIÈME DE
CUILLÈRE À CAFÉ
DE MIEL DURANT SA VIE

22

NOVEMBRE

8h10 17h03

Ste Cécile

Il faut 556 abeilles ouvrières
pour récolter 500 grammes de nectar.
Une seule abeille devrait parcourir
plus d'une fois le tour de la Terre
pour récolter le même poids.
Une ruche peut produire plus
de 45 kg de délicieux miel par an.

PROPORTIONNELLEMENT, LES FOURMIS ONT LE PLUS GROS CERVEAU DE TOUS LES ÊTRES VIVANTS

23
NOVEMBRE

8h11 17h02

St Clément

En proportion seulement,
car les fourmis ne possèdent
que 250 000 cellules nerveuses,
loin derrière l'homme qui en possède
plus de 10 milliards.

LE PREMIER MOT JAMAIS ENREGISTRÉ FUT "MARIE"

24
NOVEMBRE

8h13 17h01

Ste Flora

C’est Thomas Edison
qui enregistra le premier son,
la comptine *Marie avait*
un petit agneau,
sur sa dernière invention,
le phonographe.

JIM HENSON EST DEVENU ALLERGIQUE AUX PELUCHES

25

NOVEMBRE

8h14 17h01

Ste Catherine

Jim Henson est le créateur de nombreuses séries de télévision pour les enfants, telles que *Sesame Street* ou le *Muppet Show*. Il est ironique de penser qu'avec l'âge, il a développé une allergie aux peluches.

1 MILLIARD DE SECONDES ÉQUIVAUT À 32 ANS

26

NOVEMBRE

8h15 17h00

Ste Delphine

En 32 ans, le temps
passé aux toilettes s'élève
en moyenne
à 48 millions de secondes,
soit environ 3 ans…

DANS LES AFFRANCHIS, «FUCK» EST PRONONCÉ 300 FOIS

27
NOVEMBRE

☀ 8h17 ☀ 16h59

St Virgile

Martin Scorsese est un habitué
de la chose, puisqu'on entend
ce même mot 398 fois
dans *Casino* et 237 fois
dans *Les Infiltrés*…

28

NOVEMBRE

8h18 16h58

St Jacques de la Marche

Mais cela ne change rien
aux talents d'interprète du King.
Par ailleurs, Elvis a aussi eu
une carrière d'acteur, mais ses films
servaient surtout à promouvoir
ses albums.

ENVIRON 200 CADAVRES GISENT SUR LE MONT EVEREST

29
NOVEMBRE
8h19 16h58
St Saturnin

Le plus célèbre d'entre eux,
George Mallory, perdit la vie en 1924
en tentant d'être le premier alpiniste
à atteindre le sommet du toit du monde
(on ne sait toujours pas si il y est parvenu
ou non). Mais son corps fut finalement
retrouvé par une expédition en 1999.
Son cadavre est donc resté sous la neige
pendant… 75 ans !

30

NOVEMBRE

8h21 16h57

St André

Ce champion de la polygamie
s’est marié 130 fois, a divorcé
85 fois et a engendré 300 enfants.
Il s’est probablement ruiné
en cadeaux d’anniversaire…

LE GOLF EST LE SEUL SPORT JAMAIS PRATIQUÉ SUR LA LUNE

1er

DÉCEMBRE

☀ 8h22 ☀ 16h57

Ste Florence

Le premier homme qui ait pratiqué
le golf sur la Lune fut l'astronaute
de la NASA Alan Shepard en 1971.
Il utilisa une balle de golf et
un fer numéro 6 qu'il avait dissimulé
à l'intérieur de sa combinaison spatiale.
Selon ses propres termes,
il propulsa la balle « à des kilomètres,
des kilomètres et des kilomètres ».

À BOSTON, UN CHAT A ÉTÉ TIRÉ AU SORT POUR ÊTRE JURÉ

2

DÉCEMBRE

8h23 16h56

Ste Viviane

Sa propriétaire l'avait listé
sur le formulaire de recensement
dans la rubrique « Animaux domestiques »,
mais il y a visiblement eu confusion
puisqu'il a été tiré au sort comme juré.

POUR SE FAIRE PHOTOGRAPHIER AVEC LE TOUT PREMIER APPAREIL PHOTO, IL AURAIT FALLU RESTER IMMOBILE DURANT 8 HEURES

3
DÉCEMBRE

8h25 16h56

St François-Xavier

La toute première photographie a été prise en 1826 grâce à l'invention de Niépce, mais il fallut attendre 1839 pour réduire le temps de pose à 30 minutes. Dire qu'aujourd'hui à peine une fraction de seconde suffit.

LES CACAHUÈTES NE SONT PAS DES NOIX

4

DÉCEMBRE

☀ 8h26 ☀ 16h55

Ste Barbara

Les cacahuètes appartiennent
à la famille des légumineuses
à cosses venue d'Amérique du Sud,
et ne sont pas des noix qui poussent
dans les arbres.

ON COMPTE 240 PAC-GOMMES DANS UN JEU PAC-MAN

5

DÉCEMBRE

8h27 16h55

St Gérald

Dans les années 1980, le jeu
qui faisait fureur, c'était Pac-Man.
Il y a 240 pac-gommes valant
chacune 10 points dans le jeu.
Un grand nombre de variantes
ont été créées à partir de ce schéma,
dont une Mme Pac-Man.

EMERSON MOSER, LE PLUS ANCIEN EMPLOYÉ DES CRAYONS CRAYOLA, A AVOUÉ EN PRENANT SA RETRAITE QU'IL ÉTAIT DALTONIEN

6
DÉCEMBRE
8h28 16h55
St Nicolas

En 1990, le plus ancien collaborateur de Crayola prit sa retraite (après 37 ans de bons et loyaux services). Il a confectionné près d'1,4 milliard de crayons de couleurs, avant de révéler qu'il était daltonien.

L'HUMAIN MOYEN EST UN HOMME CHINOIS DE 28 ANS, DROITIER, POSSÉDANT UN TÉLÉPHONE PORTABLE, MAIS PAS DE COMPTE EN BANQUE

7

DÉCEMBRE

☀ 8h29 ☀ 16h54

St Ambroise

Depuis le 31 octobre 2011, nous sommes officiellement plus de 7 milliards d'êtres humains sur Terre. Pour l'occasion, le magazine *National Geographic* est parvenu, en combinant différentes statistiques, à dresser le portrait de l'être humain le plus représentatif de la population mondiale.

LES YEUX DES NOUVEAU-NÉS NE CLIGNENT QU'UNE OU DEUX FOIS PAR MINUTE

8

DÉCEMBRE

☀ 8 h 30 ☀ 16 h 54

Immaculée Conception

Chez les adultes, cependant,
le clignement se produit en moyenne
une dizaine de fois par minute.
Selon une théorie, les bébés clignent
moins des yeux parce qu'il leur faut plus
de temps pour analyser
ce qu'ils voient, en raison du manque
de précision de leur vision.

L'OISEAU-MOQUEUR PEUT IMITER LE CHANT D'UNE QUARANTAINE D'OISEAUX

9
DÉCEMBRE

☀ 8h32 ☀ 16h54

St Pierre Fourier

On connaît l'oiseau-moqueur pour
ses imitations du chant d'autres oiseaux.
Mais en dehors de ses congénères,
il peut également imiter des sons,
tels une porte qui grince, un piano
ou les aboiements d'un chien.

10
DÉCEMBRE
8h33 16h54
St Romaric

La Statue de la Liberté fut offerte
aux États-Unis par la France,
en signe d'amitié entre les deux nations,
pour célébrer le centenaire
de la Déclaration d'indépendance
américaine. La statue fut inaugurée
le 28 octobre 1886.

KATE MIDDLETON N'EST JAMAIS ALLÉE EN AMÉRIQUE

11

DÉCEMBRE

☀ 8h34 ☀ 16h54

St Arthur, St Daniel

Enfin jusqu'à ce qu'elle y aille
pour le voyage officiel du couple princier,
peu après son mariage. Elle a d'abord foulé
le sol canadien avant de découvrir
Los Angeles où elle a été reçue comme
une star.

12
DÉCEMBRE

8h34 16h54

St Corentin

Les méduses sont composées
d’un mélange surprenant de sel,
de protéines et de beaucoup d’eau,
parfois jusqu’à 95%, ce qui s’avère
parfait pour vivre dans la mer,
après tout.

13

DÉCEMBRE

8h35 16h54

Ste Lucie

Dans la trilogie de Coppola,
l'orange est le symbole
de la violence : elle est annonciatrice
à la fois de trahison et de mort.
Tandis que la poire est, dans le film,
symbole de la douceur.

LES REQUINS SONT PLUS CALMES LORSQU'ILS ÉCOUTENT AC/DC

14

DÉCEMBRE

☀ 8h36 ☀ 16h54

Ste Odile

Pour que la viande
des bœufs de Kobé soit toujours
plus savoureuse, leurs éleveurs
leur font écouter de la musique
classique, aux vertus relaxantes.

LES MOUCHES SONT SOURDES

15

DÉCEMBRE

8h37 16h54

Ste Ninon

Si les mouches n'entendent rien,
elles ne sont pas pour autant aveugles !
Leurs yeux sont composés
de plusieurs centaines de facettes
ce qui leur permet une vision
panoramique décuplée.

L'ARAIGNÉE-LOUP PORTE
SES PETITS SUR SON DOS

16
DÉCEMBRE

8h38 16h54

Ste Alice

Après l'accouplement, la femelle maintient les œufs autour d'elle jusqu'à l'éclosion. Elle porte ensuite les bébés araignées sur son dos pendant une semaine.

LES FEMMES PLEURENT QUATRE FOIS PLUS QUE LES HOMMES

17
DÉCEMBRE

☀ 8h39 ☀ 16h54

St Gaël

Selon une étude scientifique
menée en Allemagne
et basée sur des statistiques
concernant ce phénomène,
les femmes pleurent en moyenne
de 30 à 64 fois par an,
et les hommes de 6 à 17 fois.

18

DÉCEMBRE

8h39 16h55

St Gatien

Non seulement le cochon est doté
d’un zizi en forme de tire-bouchon,
mais le col de l’utérus de la truie
est lui-même en forme
de tire-bouchon.

2520 EST LE PLUS PETIT NOMBRE DIVISIBLE PAR 1, 2, 3, 4, 5, 6, 7, 8, 9 ET 10

19

DÉCEMBRE

8h40 16h55

St Urbain

Le PPCM est le plus petit commun multiple.
Ainsi, le PPCM de 1, 2 et 3 est 6,
celui de 1, 2, 3, 4 et 5 est 60,
et le PPCM de 1, 2, 3, 4, 5, 6, 7, 8, 9,
10, 11, 12, 13, 14, 15, 16, 17, 18, 19
et 20 est 232 792 560.

LE GRAND TITRE DE JOURNAL LE MOINS INFORMÉ DE L'HISTOIRE :

20

DÉCEMBRE

8h41 16h56

St Isaac

Le *Daily Mirror* ne fut pas
le seul, en 1912, à affirmer
que le naufrage n'avait pas fait
de victimes.
À l'époque, les nouvelles n'arrivaient pas
aussi rapidement qu'aujourd'hui,
et leur vérification
par Internet ou téléphone portable
était impossible.

LES ENFANTS GRANDISSENT PLUS VITE AU PRINTEMPS

21
DÉCEMBRE

☀ 8h41 ☀ 16h56

Hiver • St Pierre Canisius

Les enfants grandissent plus vite
au printemps et en été
qu’en automne et en hiver.
Selon une étude britannique
sur les enfants âgés de 7 à 10 ans,
ceux-ci passent tous par une phase
de croissance rapide entre mars
et juillet.

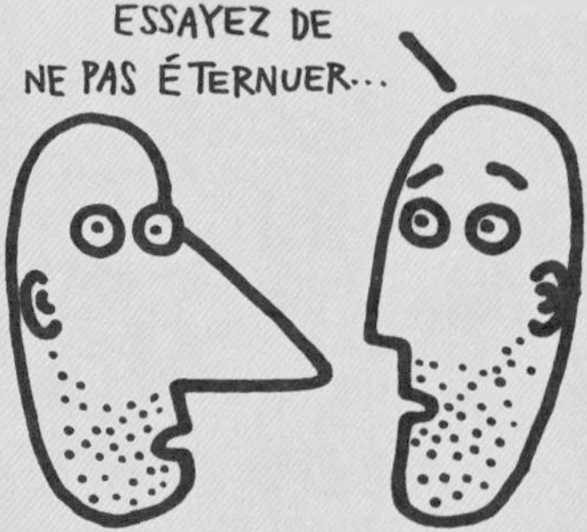

LE NEZ LE PLUS LONG DU MONDE MESURAIT 19 CM

22

DÉCEMBRE

8h42 16h56

Ste Françoise-Xavière

L'artiste de cirque
Thomas Wedders
affirmait posséder le nez
le plus long à la fin du XVIIIe siècle.

IL N'Y A PAS EU DE "MI-SEPTEMBRE" EN ANGLETERRE EN 1752

23
DÉCEMBRE

☀ 8h42 ☀ 16h57

St Armand

En 1752, en Angleterre,
le calendrier est passé directement
du mercredi 2 au jeudi 14 septembre,
sautant allègrement 11 jours. Le roi
d'Angleterre venait en effet d'ordonner
le passage du calendrier julien, d'origine
romaine, au calendrier grégorien.

24

DÉCEMBRE

8h43 16h58

Ste Adèle

La glabelle est la saillie lisse située
entre les sourcils et au-dessus du nez.
Le terme vient du latin *glabellus*,
signifiant « lisse ».

UNE VILLE AMÉRICAINE S'APPELLE SANTA CLAUS

25

DÉCEMBRE

8h43 16h58

Noël

Elle se situe dans l'État de l'Indiana.
En 1865, la petite ville s'appelait Santa Fe,
mais comme l'État abritait déjà une ville
de ce nom, elle reçut ce nouveau nom
comme un cadeau.

LE PREMIER ANIMAL ENVOYÉ DANS L'ESPACE FUT UNE CHIENNE

26
DÉCEMBRE

☀ 8h43 ☀ 16h59

St Étienne

Elle s'appelait Laïka et orbita
autour de la Terre en 1957.
Le vaisseau spatial n'étant pas conçu
pour redescendre sur Terre,
la petite chienne périt dans l'espace.

27
DÉCEMBRE

8h44 17h00

St Jean

Aujourd'hui synonyme
d'art martial, kung fu a pour traduction
littérale : « s'appliquer à une tâche
de longue haleine ».
L'expression recouvre aussi bien
l'apprentissage d'un instrument de musique
qu'un temps d'étude prolongé.

ON PEUT MARCHER SUR DE LA CRÈME ANGLAISE

28

DÉCEMBRE

8h44 17h00

Innocents

La crème anglaise se solidifie
avec le temps et peut donc
supporter votre poids tandis
que vous vous déplacez.
Mais si vous cessez d'avancer trop
longtemps, vous vous enfoncerez
et il vous faudra déployer
de formidables efforts pour vous
en extirper.

29

DÉCEMBRE

8h44 17h01

St David

Il s'agit d'une mère nourricière
aux États-Unis qui a gardé
88 enfants avant qu'ils soient confiés
à leurs parents adoptifs.

LA PÊCHE FUT LE PREMIER FRUIT À ÊTRE CONSOMMÉ SUR LA LUNE

30

DÉCEMBRE

8h44 17h02

St Roger

Les astronautes d'Apollo 11 ont pris
leur petit déjeuner sur la Lune.
Il était composé de pêches,
de bacon, de céréales aux abricots,
le tout accompagné de jus de raisin
et de jus d'orange. Ils écoutaient
en même temps un journal parlé préparé
à leur intention par le Centre spatial.

TECHNIQUEMENT, NOUS SOMMES TOUJOURS DANS L'ÂGE DE GLACE

31

DÉCEMBRE

8h44 17h03

St Sylvestre

Par définition, l'Âge de Glace
se caractérise par la réduction
à long terme de la surface
du globe par des plaques de glace.
Comme il y a encore des calottes
glaciaires étendues aux Pôles Nord
et Sud, nous sommes
toujours dans un Âge de Glace.